图话《孟子》

中医师承学堂·中医人必读国学经典

龙若飞 编著

周晓鸥 绘图 同有三和 书系主编

全国百佳图书出版单位
中国中医药出版社
·北京·

图书在版编目（CIP）数据

图话《孟子》/ 龙若飞编著 . — 北京：中国中医药
出版社，2023.2
（中医师承学堂 . 中医人必读国学经典）
ISBN 978-7-5132-7919-2

Ⅰ . ①图… Ⅱ . ①龙… Ⅲ . ①《孟子》– 研究
Ⅳ . ① B222.55

中国版本图书馆 CIP 数据核字 (2022) 第 218088 号

中国中医药出版社出版
北京经济技术开发区科创十三街 31 号院二区 8 号楼
邮政编码　100176
传真　010-64405721
北京联兴盛业印刷股份有限公司印刷
各地新华书店经销

开本 710×1000　1/16　印张 19　字数 71 千字
2023 年 2 月第 1 版　　2023 年 2 月第 1 次印刷
书号　ISBN 978 - 7 - 5132 - 7919 - 2

定价　135.00 元
网址　www.cptcm.com

服 务 热 线　010-64405510
购 书 热 线　010-89535836
维 权 打 假　010-64405753

微信服务号　zgzyycbs
微商城网址　https://kdt.im/LIdUGr
官 方 微 博　http://e.weibo.com/cptcm
天猫旗舰店网址　https://zgzyycbs.tmall.com

1.《孟子》书分为《梁惠王》(上、下),《公孙丑》(上、下),《滕文公》(上、下),《离娄》(上、下),《万章》(上、下),《告子》(上、下),《尽心》(上、下),一共十四篇。

2.本书正文文字和标点主要参考《十三经注疏》之《孟子注疏》(北京大学出版社2000年版)。

3.本书采用插图,主要根据《圣庙祀典图考》(清·顾沅编、孔继尧绘图)中的《孟子圣迹图》重新描绘着色,并配有部分跟《孟子》有关古代书画家画作。

4.本书注音主要依据是《汉语大字典》(崇文书局、四川辞书出版社,1999年袖珍本第二版),个别字注音和繁简字使用与通行本有分歧者,以《汉语大字典》为准。

5.本书有阙漏、讹误者,尚祈方家惠予指正,并俟来日补苴罅漏。

　　每个中医人，在"中医四大经典"之外，都应该有一套自己的"国学必读经典"。

　　无论是儒家经典《论语》《孟子》《大学》《中庸》，释家经典《心经》《金刚经》《六祖坛经》，道家经典《道德经》《庄子》，还是"不知易不足以言太医"的《周易》等，都是陪伴中医人成长的良师挚友。

　　经典诵读，不但能够让人"格物、致知、诚意、正心"，更能让人"止于至善，知止而后有定"，三学（戒定慧）成就，三慧（闻思修）顿开，乃至于"修身、齐家、治国、平天下"。

　　作为中医出版人，我们曾策划出版《中医经典大字诵读版》，深受广大读者欢迎。

　　作为每个中医人的经典读物，"中医人必读国学经典"系列同样应该成为每个中医人的必读书目，成为手不释卷的枕边书。

　　正如每个人都有不同视角的《伤寒论》，从不同视角诵读国学经典，能够读出不同的味道。

所以，我们除了为国学经典的难读字词标注拼音，以方便进行原文诵读之外，不做过多注释和翻译（读者若需查找详细释义，通过网络和图书资料，非常容易找到诸多注释和翻译版本）。

我们特邀知名中医专家精选了这套"中医人必读国学经典"书目。这些经典，都为他们成为中医领域的佼佼者提供了直接的精神滋养。同时，为了让读者诵读更加舒适、惬意，我们特意邀请知名设计机构"今亮后声"为国学经典提供精美的插图与设计。

诵读国学经典，让经典的光芒照耀我们每个人的心灵。

刘观涛

2023 年 1 月 1 日

目录

亚聖孟子

孟子名軻字子輿一字子車魯公族孟孫之後世居於
鄒故為鄒人父激公宜娶仉氏而生孟子受業於子思
于年七十四卒於家葬於鄒縣東三十里四基山之西麓
宋神宗元豐六年追封鄒國公嘉靖九年改稱亞聖
孟子

亚圣孟子

《史记·孟子荀卿列传》云：「孟轲，驺人也，受业子思之门人。道既通，游事齐宣王，宣王不能用。适梁，梁惠王不果所言，则见以为迂远而阔于事情。当是之时，秦用商君，富国强兵；楚、魏用吴起，战胜弱敌；齐威王、宣王用孙子、田忌之徒，而诸侯东面朝齐。天下方务于合从连衡，以攻伐为贤，而孟轲乃述唐、虞、三代之德，是以所如者不合。退而与万章之徒序《诗》《书》，述仲尼之意，作《孟子》七篇。」

孟子
圖話

梁惠王上

梁
惠
王
上

礼聘适梁

梁惠王以礼聘孟子而问利国，孟子告以行仁义以救其弊。

01

　　孟子见梁惠王。王曰："叟不远千里
而来，亦将有以利吾国乎？"

　　孟子对曰："王何必曰利？亦有仁义
而已矣。王曰：'何以利吾国？'大夫曰：
'何以利吾家？'士庶人曰：'何以利吾
身？'上下交征利，而国危矣。万乘之
国，弑其君者，必千乘之家；千乘之国，
弑其君者，必百乘之家。万取千焉，千
取百焉，不为不多矣。苟为后义而先利，
不夺不餍。未有仁而遗其亲者也；未有
义而后其君者也。王亦曰仁义而已矣，
何必曰利？"

规君同乐

梁惠王立沼上，顾鸿雁、麋鹿问曰：「贤者亦乐此乎？」孟子对以「贤者而后乐此」，一言之间，理欲判矣。

孟子见梁惠王。 王立于沼上，顾鸿雁、麋鹿曰："贤者亦乐此乎？"

孟子对曰："贤者而后乐此；不贤者虽有此，不乐也。《诗》云：'经始灵台，经之营之。 庶民攻之，不日成之。 经始勿亟^{jí}，庶民子来。 王在灵囿^{yòu yōu}，麀鹿攸伏。 麀鹿濯濯^{zhuó}，白鸟鹤鹤。 王在灵沼，於牣^{wū rèn}鱼跃。'文王以民力为台为沼，而民欢乐之，谓其台曰灵台，谓其沼曰灵沼，乐其有麋鹿鱼鳖。 古之人与民偕乐，故能乐也。《汤誓》曰：'时日害^{hé}丧？予及女^{rǔ}（同'汝'）皆亡。'民欲与之皆亡，虽有台池鸟兽，岂能独乐哉？"

03

梁惠王曰："寡人之于国也，尽心焉耳矣。河内凶，则移其民于河东，移其粟于河内，河东凶亦然。察邻国之政，无如寡人之用心者。邻国之民不加少，寡人之民不加多，何也？"

孟子对曰："王好战，请以战喻：填然鼓之，兵刃既接，弃甲曳兵而走，或百步而后止，或五十步而后止。以五十步笑百步，则何如？"

曰："不可，直不百步耳，是亦走也。"

曰："王如知此，则无望民之多于邻国也。

"不违农时，谷不可胜食也；数罟不入洿池，鱼鳖不可胜食也。斧斤以时入山林，材木不可胜用也。谷与鱼鳖不可胜食，材木不可胜用，是使民养生丧死无憾也。养生丧死无憾，王道之始也。

"五亩之宅，树之以桑，五十者可以衣帛矣！鸡豚^{tún}狗彘^{zhì}之畜，无失其时，七十者可以食肉矣！百亩之田，勿夺其时，数口之家可以无饥矣！谨庠^{xiáng}序之教，申之以孝悌之义，颁（同'斑'）白者不负戴于道路矣。七十者衣帛食肉，黎民不饥不寒，然而不王^{wàng}者，未之有也。

"狗彘食人食而不知检，涂（同'途'）有饿莩^{piǎo}而不知发。人死，则曰：'非我也，岁也。'是何异于刺人而杀之，曰：'非我也，兵也。'王无罪岁，斯天下之民至焉。"

梁惠王曰："寡人愿安承教。"

孟子对曰："杀人以梃与刃，有以异乎？"

曰："无以异也。"

"以刃与政，有以异乎？"

曰："无以异也。"

曰："庖有肥肉，厩有肥马，民有饥色，野有饿莩，此率兽而食人也。兽相食，且人恶之；为民父母，行政不免于率兽而食人，恶在其为民父母也？仲尼曰：'始作俑者，其无后乎！'为其象人而用之也。如之何其使斯民饥而死也？"

梁惠王曰："晋国，天下莫强焉，叟之所知也。及寡人之身，东败于齐，长子死焉；西丧地于秦七百里；南辱于楚。寡人耻之，愿比死者壹洒之。如之何则可？"

孟子对曰："地方百里，而可以王。王如施仁政于民，省刑罚，薄税敛，深耕易耨；壮者以暇日修其孝悌忠信，入以事其父兄，出以事其长上，可使制梃以挞秦楚之坚甲利兵矣。

"彼夺其民时，使不得耕耨，以养其父母；父母冻饿，兄弟妻子离散。彼陷溺其民，王往而征之，夫谁与王敌？故曰'仁者无敌'。王请勿疑。"

06

　　孟子见梁襄王，出，语人曰："望之不似人君，就之而不见所畏焉。卒然问曰：'天下恶乎定？'吾对曰：'定于一。''孰能一之？'对曰：'不嗜杀人者能一之。''孰能与之？'对曰：'天下莫不与也。王知夫苗乎？七、八月之间旱，则苗槁矣。天油然作云，沛然下雨，则苗浡然兴之矣。其如是，孰能御之？今夫天下之人牧，未有不嗜杀人者也；如有不嗜杀人者，则天下之民皆引领而望之矣。诚如是也，民归之，由水之就下沛然，谁能御之？'"

恪咨治道

孟子问子思：「牧民之道何先？」曰：「先利。」对惠王言仁义而不言利，仁义正所以利之也。推本言之，传自尧舜至孔子、曾、思、孟子而止焉。

扩充仁心

齐宣王欲问齐桓、晋文之事，孟子既卑之，而告以王道。复指以羊易牛之心，可以保民。欲其扩充以行王道也。

　　齐宣王问曰："齐桓、晋文之事，可得闻乎？"

　　孟子对曰："仲尼之徒无道桓、文之事者，是以后世无传焉，臣未之闻也。无以，则王乎？"

　　曰："德何如，则可以王矣？"

　　曰："保民而王，莫之能御也。"

　　曰："若寡人者，可以保民乎哉？"

　　曰："可。"

　　曰："何由知吾可也？"

　　曰："臣闻之胡龁曰：王坐于堂上，有牵牛而过堂下者。王见之曰：'牛何之？'对曰：'将以衅钟。'王曰：'舍之！吾不忍其觳觫，若无罪而就死地。'对曰：'然则废衅钟与（同"欤"，下同）？'曰：'何可废也？以羊易之。'不识有诸？"

曰："有之。"

曰："是心足以王矣。百姓皆以王为
爱也，臣固知王之不忍也。"

王曰："然。诚有百姓者，齐国虽褊
小，吾何爱一牛？即不忍其觳觫，若无罪
而就死地，故以羊易之也。"

曰："王无异于百姓之以王为爱也。
以小易大，彼恶知之？王若隐其无罪而就
死地，则牛羊何择焉？"

王笑曰："是诚何心哉？我非爱其财
而易之以羊也。宜乎百姓之谓我爱也！"

曰："无伤也，是乃仁术也，见牛未
见羊也。君子之于禽兽也，见其生，不
忍见其死；闻其声，不忍食其肉。是以
君子远庖厨也。"

王说，曰："《诗》云'他人有心，

予忖度之'。夫子之谓也。夫我乃行
之，反而求之，不得吾心；夫子言之，于
我心有戚戚焉。此心之所以合于王者，
何也？"

曰："有复于王者曰：吾力足以举百
钧，而不足以举一羽；明足以察秋毫之
末，而不见舆薪。则王许之乎？"

曰："否！"

"今恩足以及禽兽，而功不至于百姓
者，独何与？然则一羽之不举，为不用力
焉；舆薪之不见，为不用明焉；百姓之不
见保，为不用恩焉。故王之不王，不为
也，非不能也。"

曰："不为者与不能者之形何以异？"

曰："挟太（同'泰'）山以超北海，语
人曰'我不能'，是诚不能也。为长者折
枝，语人曰'我不能'，是不为也，非不

能也。故王之不王，非挟太山以超北海
之类也；王之不王，是折枝之类也。

"老吾老，以及人之老；幼吾幼，以
及人之幼，天下可运于掌。《诗》云：'刑
（同"型"）于寡妻，至于兄弟，以御于家
邦。'言举斯心加诸彼而已。故推恩足以
保四海，不推恩无以保妻子。古之人所
以大过人者无他焉，善推其所为而已矣。
今恩足以及禽兽，而功不至于百姓者，独
何与？

"权，然后知轻重；度，然后知长
短。物皆然，心为甚。王请度之！抑王
兴甲兵，危士臣，构怨于诸侯，然后快于
心与？"

王曰："否。吾何快于是？将以求吾
所大欲也。"

曰："王之所大欲，可得闻与？"

王笑而不言。

曰："为肥甘不足于口与？轻暖不足于体与？抑为采色不足视于目与？声音不足听于耳与？便嬖不足使令于前与？王之诸臣皆足以供之，而王岂为是哉？"

曰："否，吾不为是也！"

曰："然则王之所大欲可知已。欲辟土地，朝秦、楚，莅中国而抚四夷也。以若所为，求若所欲，犹缘木而求鱼也。"

王曰："若是其甚与？"

曰："殆有甚焉。缘木求鱼，虽不得鱼，无后灾；以若所为，求若所欲，尽心力而为之，后必有灾。"

曰："可得闻与？"

曰："邹人与楚人战，则王以为孰胜？"

曰："楚人胜。"

曰："然则小固不可以敌大，寡固不

可以敌众，弱固不可以敌强。海内之地，方千里者九，齐集有其一；以一服八，何以异于邹敌楚哉？盖亦反（同'返'）其本矣。

"今王发政施仁，使天下仕者皆欲立于王之朝，耕者皆欲耕于王之野，商贾（gǔ）皆欲藏于王之市，行旅皆欲出于王之涂，天下之欲疾其君者，皆欲赴愬（sù）于王。其若是，孰能御之？"

王曰："吾惛（hūn），不能进于是矣。愿夫子辅吾志，明以教我。我虽不敏，请尝试之。"

曰："无恒产而有恒心者，惟士为能。若民则无恒产，因无恒心。苟无恒心，放辟（同'僻'）（pì）邪侈（chǐ），无不为已。及陷于罪，然后从而刑之，是罔民也。焉有仁人在位，罔民而可为也？是故明君制民之产，必使仰足以事父母，俯足以畜妻子；
乐岁终身饱，凶年免于死亡；然后驱而之
善，故民之从之也轻。

"今也制民之产，仰不足以事父母，
俯不足以畜妻子；乐岁终身苦，凶年不免
于死亡；此惟救死而恐不赡，奚暇治礼
义哉？

"王欲行之，则盍反其本矣。五亩之
宅，树以之桑，五十者可以衣帛矣。鸡
豚狗彘之畜，无失其时，七十者可以食肉
矣。百亩之田，勿夺其时，八口之家可
以无饥矣。谨庠序之教，申之以孝悌之
义，颁白者不负戴于道路矣。老者衣帛
食肉，黎民不饥不寒，然而不王者，未
之有也。"

梁惠王下

梁惠王下

庄暴见孟子，曰："暴见于王，王语暴以好乐，暴未有以对也。"

曰："好乐何如？"

孟子曰："王之好乐甚，则齐国其庶几乎！"

他日，见于王曰："王尝语庄子以好乐，有诸？"

王变乎色，曰："寡人非能好先王之乐也，直好世俗之乐耳。"

曰："王之好乐甚，则齐其庶几乎！今之乐，犹古之乐也。"

曰："可得闻与？"

曰："独乐乐，与人乐乐，孰乐？"

曰："不若与人。"

曰："与少乐乐，与众乐乐，孰乐？"

曰："不若与众。"

"臣请为王言乐：今王鼓乐于此，百姓闻王钟鼓之声、管龠之音，举疾首蹙頞而相告曰：'吾王之好鼓乐，夫何使我至于此极也？父子不相见，兄弟妻子离散。'今王田猎于此，百姓闻王车马之音，见羽旄之美，举疾首蹙頞而相告曰：'吾王之好田猎，夫何使我至于此极也？父子不相见，兄弟妻子离散。'此无他，不与民同乐也。

"今王鼓乐于此，百姓闻王钟鼓之声、管龠之音，举欣欣然有喜色而相告曰：'吾王庶几无疾病与？何以能鼓乐也？'今王田猎于此，百姓闻王车马之音，见羽旄之美，举欣欣然有喜色而相告曰：'吾王庶几无疾病与？何以能田猎也？'此无他，与民同乐也。今王与百姓同乐，则王矣。"

周文王

姓姬名昌黄帝之商后稷之後父季歷娶太妊

生王有聖德嗣王季位發政施仁必先鰥寡孤獨

殷紂時被崇侯虎譖囚於羑里乃取伏羲六十四

卦次序而演之作易以垂後世息虞芮之爭天下

聞之歸者四十餘國獻西洛地請除炮烙之刑許之賜

弓鈇得專征伐退而修德行善諸侯多叛紂歸西伯

享國五十年受命九年壽九十七歲

齐宣王问曰："文王之囿，方七十里，有诸？"

孟子对曰："于传有之。"

曰："若是其大乎？"

曰："民犹以为小也。"

曰："寡人之囿方四十里，民犹以为大，何也？"

曰："文王之囿方七十里，刍荛者往
焉，雉兔者往焉。与民同之，民以为小，
不亦宜乎！臣始至于境，问国之大禁，然
后敢入，臣闻郊关之内，有囿方四十里，
杀其麋鹿者如杀人之罪。则是方四十里
为阱于国中，民以为大，不亦宜乎！"

成汤（清·佚名《历代帝王圣贤名臣大儒遗像》）

成汤

商汤姓子名履契十三世孙初为诸侯伊尹耕于
有莘之野汤使人以币聘之以代夏救民见人张网
解纲更祝兴桀战于鸣条桀师败绩放桀于南巢即
住以水德王都于亳及桀之事以宽治民除其和雷初
置二相以伊尹仲虺为之大旱七祀身婴白茅为牺牲
以六事自责言未已大雨方数千里作乐曰大濩作诸
器用之铭以为警戒在位十三祀崩寿一百岁至盘
庚迁都于殷

图话《孟子》

齐宣王问曰:"交邻国有道乎?"

孟子对曰:"有。 惟仁者为能以大事小,是故汤事葛,文王事昆夷。 惟智者为能以小事大,故大王事獯鬻(xūn yù),句践事吴。 以大事小者,乐天者也;以小事大者,畏天者也。 乐天者保天下,畏天者保其国。《诗》云:'畏天之威,于时保之。'"

王曰:"大哉言矣! 寡人有疾,寡人好勇。"

对曰:"王请无好小勇。 夫抚剑疾视曰:'彼恶敢当我哉!' 此匹夫之勇,敌一人者也。 王请大之。

"《诗》云:'王赫斯怒,爰(yuán)整其旅,以遏徂莒(cú jǔ),以笃周祜(hù),以对于天下。' 此文王之勇也。文王一怒而安天下之民。

"《书》曰:'天降下民,作之君,作之师,惟曰其助上帝宠之。四方有罪无罪惟我在,天下曷敢有越厥志?'一人衡(同'横')行于天下,武王耻之,此武王之勇也。而武王亦一怒而安天下之民。今王亦一怒而安天下之民,民惟恐王之不好勇也。"

04

齐宣王见孟子于雪宫。王曰:"贤者亦有此乐乎?"

孟子对曰:"有。人不得则非其上矣。不得而非其上者,非也;为民上而不与民同乐者,亦非也。乐民之乐者,民亦乐其乐;忧民之忧者,民亦忧其忧。

周武王（清·佚名《历代帝王圣贤名臣大儒遗像》）

周武王

姓姬名發文王第二子后稷十六代孫也文王薨

武王立有十三年春搢師于盟津天下諸侯不期

而會者八百紂聞亦發兵七十萬人拒敵皆無戰

心紂自燔而死諸侯尊武王為天子以建子為正月

以木德王都於鎬封功匡謀士而師尚父惟周公旦

佐在西伯位十二祀在王位七祀壽九十三歲葵子

畢

乐以天下，忧以天下，然而不王者，未之有也。

"昔者齐景公问于晏子曰：'吾欲观于转附、朝儛(wǔ)，遵海而南，放于琅邪(láng yá)，吾何修而可以比于先王观也？'

"晏子对曰：'善哉问也！天子适诸侯曰巡狩，巡狩者，巡所守也。诸侯朝于天子曰述职，述职者，述所职也。无非事者。春省(xǐng)耕而补不足，秋省(shěng)敛而助不给。夏谚曰："吾王不游，吾何以休？吾王不豫，吾何以助？一游一豫，为诸侯度。"'今也不然：师行而粮食，饥者弗食，劳者弗息。睊睊(juàn)胥谗(xū)，民乃作慝(tè)。方命虐民，饮食若流，流连荒亡，为诸侯忧。从流下而忘反（同"返"）谓之流，从流上而忘反谓之连，从兽无厌谓之荒，乐酒无厌谓之亡。先王无流连之乐、荒亡

之行。惟君所行也。'

"景公说（同'悦'），大戒于国，出舍 shè 于郊。于是始兴发，补不足。召大师 tài 曰：'为我作君臣相说（同"悦"）之乐。'盖《徵招》《角招》是也。其诗曰：'畜君何 zhǐ jué 尤？'畜君者，好君也。"

05

齐宣王问曰："人皆谓我毁明堂，毁诸？已乎？"

孟子对曰："夫明堂者，王者之堂也。王欲行王政，则勿毁之矣。"

王曰："王政可得闻与？"

对曰："昔者文王之治岐也，耕者九一，仕者世禄，关市讥而不征，泽梁无禁，罪人不孥。老而无妻曰鳏，老而无 nú guān

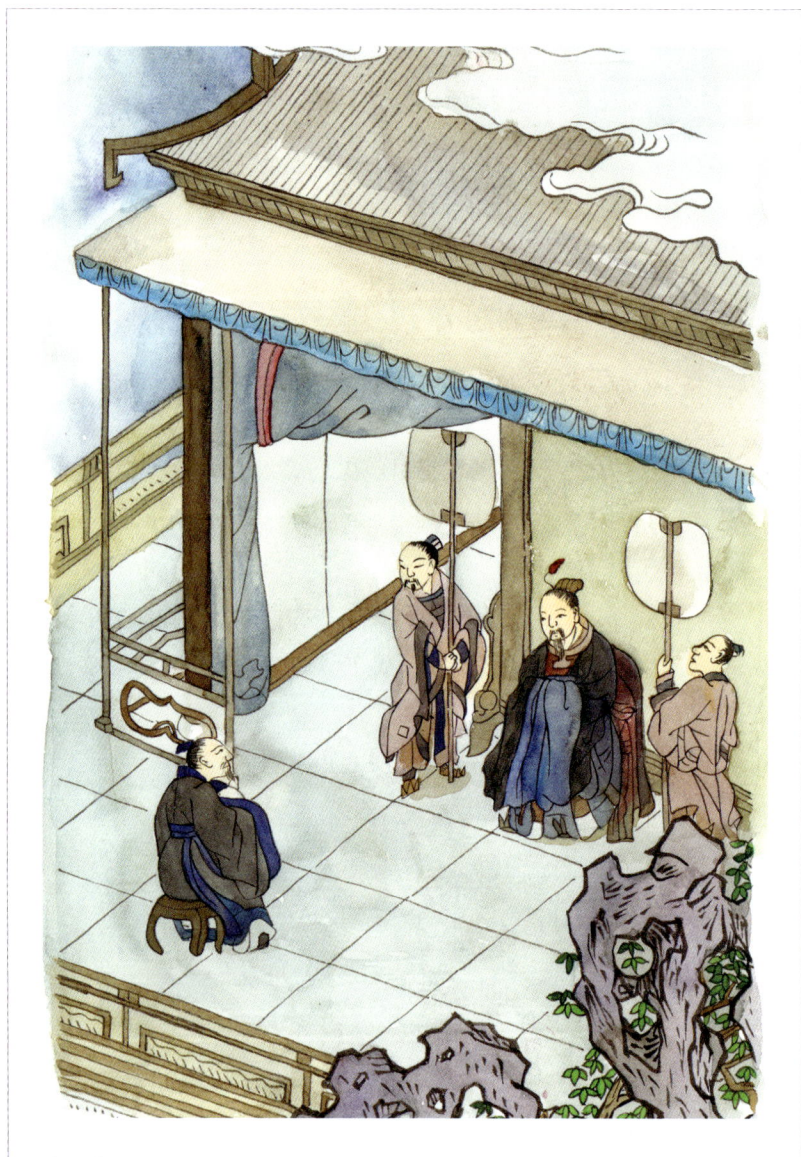

止毁明堂

齐宣王因孟子止
毁明堂而问王政。
孟子举文王治岐
与货色之好，虽
天理人情所有，
但能公同乎民，
为尽善也。

夫曰寡，老而无子曰独，幼而无父曰孤，此四者，天下之穷民而无告者。文王发政施仁，必先斯四者。《诗》云：'哿^{gě}矣富人，哀此茕^{qióng}独。'"

王曰："善哉言乎！"

曰："王如善之，则何为不行？"

王曰："寡人有疾，寡人好^{hào}货。"

对曰："昔者公刘好货。《诗》云：'乃积乃仓，乃裹糇^{hóu}粮，于橐^{tuó}于囊^{náng}，思戢^{jí}用光。弓矢斯张，干戈戚扬，爰方启行。'故居者有积仓，行者有裹囊也，然后可以爰方启行。王如好货，与百姓同之，于王何有？"

王曰："寡人有疾，寡人好色。"

对曰："昔者太王好色，爱厥妃。《诗》云：'古公亶^{dǎn}父，来朝^{zhāo}走马。率西水浒^{hǔ}，至于岐^{qí}下。爰及姜女，聿^{yù}来胥

宇。'当是时也，内无怨女，外无旷夫。王如好色，与百姓同之，于王何有？"

06

孟子谓齐宣王曰："王之臣有托其妻子于其友而之楚游者，比其反也，则冻馁^{něi}其妻子，则如之何？"

王曰："弃之。"

曰："士师不能治士，则如之何？"

王曰："已之。"

曰："四境之内不治，则如之何？"

王顾左右而言他。

07

孟子见齐宣王，曰："所谓故国者，

非谓有乔木之谓也，有世臣之谓也。王无亲臣矣，昔者所进，今日不知其亡（同'无'）也。"

王曰："吾何以识其不才而舍之？"

曰："国君进贤，如不得已，将使卑逾尊，疏逾戚，可不慎与？左右皆曰贤，未可也；诸大夫皆曰贤，未可也。国人皆曰贤，然后察之；见贤焉，然后用之。左右皆曰不可，勿听；诸大夫皆曰不可，勿听。国人皆曰不可，然后察之；见不可焉，然后去之。左右皆曰可杀，勿听；诸大夫皆曰可杀，勿听。国人皆曰可杀，然后察之；见可杀焉，然后杀之。故曰国人杀之也。如此，然后可以为民父母。"

08

齐宣王问曰："汤放桀，武王伐纣，有诸？"

孟子对曰："于传有之。"

曰："臣弑其君，可乎？"

曰："贼仁者，谓之贼；贼义者，谓之残。残贼之人，谓之一夫。闻诛一夫纣矣，未闻弑君也。"

09

孟子谓齐宣王曰："为巨室，则必使工师求大木。工师得大木，则王喜，以为能胜其任也。匠人斫而小之，则王怒，以为不胜其任矣。夫人幼而学之，壮而欲行之；王曰'姑舍女（同"汝"）所学而从

我'，则何如？今有璞玉于此，虽万镒，
必使玉人雕琢之；至于治国家，则曰'姑
舍女所学而从我'，则何以异于教玉人雕
琢玉哉？"

 10

齐人伐燕，胜之。宣王问曰："或谓
寡人勿取，或谓寡人取之。以万乘之国
伐万乘之国，五旬而举之，人力不至于
此。不取，必有天殃。取之何如？"

孟子对曰："取之而燕民悦，则取之；
古之人有行之者，武王是也。取之而燕
民不悦，则勿取；古之人有行之者，文王
是也。以万乘之国伐万乘之国，箪食壶
浆以迎王师，岂有它哉？避水火也。如
水益深，如火益热，亦运而已矣。"

11

齐人伐燕，取之。诸侯将谋救燕。宣王曰："诸侯多谋伐寡人者，何以待之？"

孟子对曰："臣闻七十里为政于天下者，汤是也。未闻以千里畏人者也。《书》曰：'汤一征，自葛始。'天下信之。'东面而征，西夷怨；南面而征，北狄怨。曰：奚为后我？'民望之，若大旱之望云霓^{ní}也。归市者不止，耕者不变。诛其君而吊其民，若时雨降。民大悦。《书》曰：'徯^{xī}我后，后来其苏。'今燕虐其民，王往而征之，民以为将拯己于水火之中也，箪^{dān}食壶浆以迎王师。若杀其父兄，系累^{léi}其子弟，毁其宗庙，迁其重器，如之何其可也？天下固畏齐之强也，今又倍地而不行仁政，是动天下之兵也。王速出令，反其旄倪^{ní}，止其重器，谋于燕众，置君而后去之，则犹可及止也。”

 12

邹与鲁哄^{hòng}。穆公问曰："吾有司死者三十三人，而民莫之死也。诛之，则不可胜诛；不诛，则疾视其长上之死而不救。如之何则可也？"

孟子对曰："凶年饥岁，君之民老弱转乎沟壑^{hè}，壮者散而之四方者，几千人矣。而君之仓廪^{lǐn}实、府库充，有司莫以告，是上慢而残下也。曾子曰：'戒之戒之！出乎尔者，反乎尔者也。'夫民今而后得反之也，君无尤焉！君行仁政，斯民亲其上、死其长矣。"

13

滕文公问曰："滕，小国也，间于齐、楚，事齐乎？事楚乎？"

孟子对曰："是谋非吾所能及也。无已，则有一焉：凿斯池也，筑斯城也，与民守之。效死而民弗去，则是可为也。"

14

滕文公问曰："齐人将筑薛，吾甚恐。如之何则可？"

孟子对曰："昔者大（同'太'）王居邠，狄人侵之，去之岐山之下居焉。非择而取之，不得已也。苟为善，后世子孙必有王者矣。君子创业垂统，为可继也；若夫成功，则天也。君如彼何哉？强为善而已矣。”

🦌 15 🦌

滕文公问曰："滕，小国也，竭力以事大国，则不得免焉，如之何则可？"

孟子对曰："昔者大王居邠，狄人侵之。事之以皮币，不得免焉；事之以犬马，不得免焉；事之以珠玉，不得免焉。乃属其耆^{qí}老而告之曰：'狄人之所欲者，吾土地也。吾闻之也，君子不以其所以养人者害人。二三子何患乎无君？我将去之。'去邠，逾梁山，邑于岐山之下居焉。邠人曰：'仁人也，不可失也。'从之者如归市。

"或曰：'世守也，非身之所能为也，效死勿去。'

"君请择于斯二者。"

16

　　鲁平公将出，嬖人臧仓者请曰："他日君出，则必命有司所之。今乘舆已驾矣，有司未知所之，敢请。"

　　公曰："将见孟子。"

　　曰："何哉，君所为轻身以先于匹夫者？以为贤乎？礼义由贤者出，而孟子之后丧逾前丧。君无见焉！"

　　公曰："诺。"

　　乐正子入见，曰："君奚为不见孟轲也？"

　　曰："或告寡人曰'孟子之后丧逾前丧'，是以不往见也。"

　　曰："何哉，君所谓逾者？前以士，

后以大夫；前以三鼎，而后以五鼎与？”

曰：“否。谓棺椁衣衾之美也。”

曰：“非所谓逾也，贫富不同也。”

乐正子见孟子，曰：“克告于君，君为来见也。嬖人有臧仓者沮君，君是以不果来也。”

曰：“行或使之，止或尼之，行止非人所能也。吾之不遇鲁侯，天也。臧氏之子，焉能使予不遇哉？”

嬖人沮见

鲁平公得乐正子，欲见孟子，后沮于臧仓而不果。及孟子闻之，但诿之于天而不责于人也。

听天安命

（文字同左图）

公孫丑上

公孫丑上

01

公孙丑问曰："夫子当路于齐，管仲、晏子之功，可复许乎？"

孟子曰："子诚齐人也，知管仲、晏子而已矣！或问乎曾西曰：'吾子与子路孰贤？'曾西蹵然曰：'吾先子之所畏也。'曰：'然则吾子与管仲孰贤？'曾西艴然不悦曰：'尔何曾比予于管仲？管仲得君如彼其专也，行乎国政如彼其久也，功烈如彼其卑也。尔何曾比予于是！'"曰："管仲，曾西之所不为也，而子为我愿之乎？"

曰："管仲以其君霸，晏子以其君显，管仲、晏子犹不足为与？"

曰："以齐王，由反手也。"

曰："若是，则弟子之惑滋甚。且以

文王之德，百年而后崩，犹未洽于天下；武王、周公继之，然后大行。今言王若易然，则文王不足法与？"

曰："文王何可当也？由汤至于武丁，贤圣之君六七作。天下归殷久矣，久则难变也。武丁朝诸侯，有天下，犹运之掌也。纣之去武丁未久也，其故家遗俗、流风善政，犹有存者；又有微子、微仲、王子比干、箕子、胶鬲，皆贤人也，相与辅相之，故久而后失之也。尺地莫非其有也，一民莫非其臣也；然而文王犹方百里起，是以难也。齐人有言曰：'虽有智慧，不如乘势；虽有镃基，不如待时。'今时则易然也。夏后、殷、周之盛，地未有过千里者也，而齐有其地矣；鸡鸣狗吠相闻，而达乎四境，而齐有其民矣。地不改辟矣，民不改聚矣，行仁政而王，莫之能御也。且王者之不作，未有疏于此时者也；民之憔悴于虐政，未有甚于此时者也。饥者易为食，渴者易为饮。孔子曰：'德之流行，速于置邮而传命。'当今之时，万乘之国行仁政，民之悦之，犹解倒悬也。故事半古之人，功必倍之，惟此时为然。"

02

公孙丑问曰："夫子加齐之卿相，得行道焉，虽由此霸王不异矣。如此则动心否乎？"

孟子曰："否，我四十不动心。"

曰："若是，则夫子过孟贲远矣。"

曰："是不难。告子先我不动心。"

曰："不动心有道乎？"

曰："有。北宫黝之养勇也，不肤挠，不目逃。思以一豪挫于人，若挞之于市朝。不受于褐宽博，亦不受于万乘之君。视刺万乘之君若刺褐夫，无严诸侯，恶声至，必反之。孟施舍之所养勇也，曰：'视不胜犹胜也。量敌而后进，虑胜而后会，是畏三军者也。舍岂能为必胜哉？能无惧而已矣。'孟施舍似曾子，北宫黝似子夏。夫二子之勇，未知其孰贤，然而孟施舍守约也。昔者曾子谓子襄曰：'子好勇乎？吾尝闻大勇于夫子矣：自反而不缩，虽褐宽博，吾不惴焉；自反而缩，虽千万人吾往矣。'孟施舍之守气，又不如曾子之守约也。"

曰："敢问夫子之不动心与告子之不动心，可得闻与？"

"告子曰：'不得于言，勿求于心；不

得于心，勿求于气。'不得于心，勿求于气，可；不得于言，勿求于心，不可。夫志，气之帅也；气，体之充也。夫志至焉，气次焉。故曰：持其志，无暴其气。"

"既曰'志至焉，气次焉'，又曰'持其志，无暴其气'者，何也？"

曰："志壹则动气，气壹则动志也。今夫蹶者趋者是气也，而反动其心。"

"敢问夫子恶乎长？"

曰："我知言，我善养吾浩然之气。"

"敢问何谓浩然之气？"

曰："难言也。其为气也，至大至刚，以直养而无害，则塞于天地之间。其为气也，配义与道；无是，馁也。是集义所生者，非义袭而取之也。行有不慊于心，则馁矣。我故曰：告子未尝知

气言希圣

公孙丑疑孟子加
齐卿相，得位行
道以动心。孟
子极养气知言之
功。盖孔子之
圣，不假乎养气
知言，孟子必学
乎此而至圣也。

义，以其外之也。必有事焉而勿正，心勿忘，勿助长也。无若宋人然。宋人有闵（同'悯'）其苗之不长而揠（yà）之者，芒芒然归，谓其人曰：'今日病矣，予助苗长矣。'其子趋而往视之，苗则槁矣。天下之不助苗长者寡矣。以为无益而舍之者，不耘（yún）苗者也。助之长者，揠苗者也，非徒无益，而又害之。"

"何谓知言？"

曰："诐辞知其所蔽（bì），淫辞知其所陷，邪辞知其所离，遁辞知其所穷。生于其心，害于其政；发于其政，害于其事。圣人复起，必从吾言矣。

"宰我、子贡善为说辞，冉牛、闵子、颜渊善言德行（rǎn）；孔子兼之，曰：'我于辞命，则不能也。'然则夫子既圣矣乎？"

曰："恶（wū）！是何言也！昔者子贡问于孔

子曰：'夫子圣矣乎？'孔子曰：'圣则吾不能，我学不厌而教不倦也。'子贡曰：'学不厌，智也；教不倦，仁也。仁且智，夫子既圣矣。'夫圣，孔子不居，是何言也！

"昔者窃闻之：子夏、子游、子张皆有圣人之一体，冉牛、闵子、颜渊则具体而微，敢问所安。"

曰："姑舍^{shě}是。"

曰："伯夷、伊尹^{yǐn}何如？"

曰："不同道。非其君不事，非其民不使，治则进，乱则退，伯夷也。何事非君？何使非民？治亦进，乱亦进，伊尹也。可以仕则仕，可以止则止，可以久则久，可以速则速，孔子也。皆古圣人也。吾未能有行焉，乃所愿，则学孔子也。"

"伯夷、伊尹于孔子，若是班乎？"

曰："否。自有生民以来，未有孔子也！"

"然则有同与？"

曰："有。得百里之地而君之，皆能以朝诸侯、有天下；行一不义、杀一不辜而得天下，皆不为也。是则同。"

曰："敢问其所以异。"

曰："宰我、子贡、有若，智足以知圣人，污不至阿其所好。宰我曰：'以予观于夫子，贤于尧舜远矣。'子贡曰：'见其礼而知其政，闻其乐而知其德。由百世之后，等百世之王，莫之能违也。自生民以来，未有夫子也。'有若曰：'岂惟民哉！麒麟之于走兽，凤凰之于飞鸟，泰山之于丘垤，河海之于行潦，类也。圣人之于民，亦类也。出于其类，拔乎其萃。自生民以来，未有盛于孔子也！'"

帝尧陶唐氏（清·佚名《历代帝王圣贤名臣大儒遗像》）

帝尧陶唐氏

帝乃高辛之子挚之弟也徙於祁以祁为姓挚立
尧年十三佐挚封于陶年十五改国于唐又号陶唐
氏年十六即位以火德王都平阳之安邑其仁如天其
知如神就之如日望之如云布衣掩形鹿裘御寒茅
茨不剪土阶三级缫大风治洪水作乐曰大章聘成
宜氏女曰女皇生子丹朱不肖乃求贤自代举臣咸
举舜以二女妻之使之摄位在位七十二载前寿一百
一十六岁

帝舜有虞氏（清·佚名《历代帝王圣贤名臣大儒遗像》）

帝舜有虞氏

帝姓姚黄帝八代孫攝位二十八載堯崩即位以土德
王都蒲阪在璿璣玉衡以齊七政命禹為司空棄為后稷
契為司徒皐陶為士垂為共工益為朕虞伯夷為秩宗夔
為典樂龍作納言是所謂九官也師紀后科蒲衣觀善卷
學於務成昭立誹未設旌陳鼓以廣直言之路訪不逮於總
章養國老於上庠其行止貴德上齒藏金捐珠杜淫和
而純齊韶調五絃歌南風修九招之樂於民如父母有惜之
夏于商均不肖薦為於天使代己位南巡爾於蒼梧之野在
位六十一載壽一百一十歳

03

孟子曰："以力假仁者霸，霸必有大国；以德行仁者王，王不待大，汤以七十里，文王以百里。以力服人者，非心服也，力不赡也；以德服人者，中心悦而诚服也，如七十子之服孔子也。《诗》云：'自西自东，自南自北，无思不服。'此之谓也。"

04

孟子曰："仁则荣，不仁则辱。今恶^{wù}辱而居不仁，是犹恶湿而居下也。如恶之，莫如贵德而尊士。贤者在位，能者在职。国家闲暇，及是时明其政刑，虽大国，必畏之矣。《诗》云：'迨^{dài}天之未阴

公孙丑上

雨，彻彼桑土（同 '杜'），绸缪牖户。今此
下民，或敢侮予？'孔子曰：'为此诗者，
其知道乎！能治其国家，谁敢侮之？'今
国家闲暇，及是时般乐怠敖（同 '傲'），是
自求祸也。祸福无不自己求之者。《诗》
云：'永言配命，自求多福。'《太甲》曰：
'天作孽，犹可违；自作孽，不可活。'此
之谓也。"

05

　　孟子曰："尊贤使能，俊杰在位，则
天下之士皆悦而愿立于其朝矣。市，廛
而不征，法而不廛，则天下之商皆悦而
愿藏于其市矣。关，讥而不征，则天下
之旅皆悦而愿出于其路矣。耕者，助而
不税，则天下之农皆悦而愿耕于其野矣。

廛，无夫里之布，则天下之民皆悦而愿为
之氓^{méng}矣。信能行此五者，则邻国之民仰
之若父母矣。率其子弟攻其父母，自有
生民以来未有能济者也。如此则无敌于
天下。无敌于天下者，天吏也。然而不
王者，未之有也。”

06

孟子曰：“人皆有不忍人之心。先王
有不忍人之心，斯有不忍人之政矣。以
不忍人之心，行不忍人之政，治天下可
运之掌上。所以谓人皆有不忍人之心者，
今人乍^{rú}见孺子将入于井，皆有怵惕恻^{chù}隐之
心；非所以内交于孺子之父母也，非所
以要^{yāo}誉于乡党朋友也，非恶其声而然也。
由是观之，无恻隐之心非人也，无羞恶之

心非人也，无辞让之心非人也，无是非之心非人也。恻隐之心，仁之端也；羞恶之心，义之端也；辞让之心，礼之端也；是非之心，智之端也。人之有是四端也，犹其有四体也。有是四端而自谓不能者，自贼者也；谓其君不能者，贼其君者也。凡有四端于我者，知皆扩而充之矣，若火之始然（同'燃'）、泉之始达。苟能充之，足以保四海；苟不充之，不足以事父母。"

07

孟子曰："矢人岂不仁于函人哉？矢人惟恐不伤人，函人惟恐伤人。巫匠亦然。故术不可不慎也。孔子曰：'里仁为美。择不处仁，焉得智？'夫仁，天之尊爵也，人之安宅也。莫之御而不仁，是不智也。不仁不智，无礼无义，人役也。人役而耻为役，由弓人而耻为弓、矢人而耻为矢也。如耻之，莫如为仁。仁者如射：射者正己而后发；发而不中，不怨胜己者，反求诸己而已矣。"

08

孟子曰："子路，人告之以有过则喜。禹闻善言则拜。大舜有大焉，善与人同，舍己从人，乐取于人以为善。自耕、稼、陶、渔，以至为帝，无非取于人者。取诸人以为善，是与人为善者也。故君子莫大乎与人为善。"

大禹

帝黄帝之玄孙也姓姒父鲧治水无功舜殛之禹
续父业劳身焦思居外十三年过家之门不入乘
四载川闢九州通九道陂九泽度九山水害皆息
尧乃锡以玄圭告其成功既即位以金德王都安邑
会诸侯于涂山执玉帛者万国铸九鼎以象九州恶
白酒科善言作乐曰大夏娶涂山氏女曰憍生子启
荐益于天七岁崩在位二十七年寿一百岁益避位
于箕山天下之人不归益而归启

图话《孟子》

064

09

　　孟子曰:"伯夷非其君不事,非其友不友。不立于恶人之朝^{cháo},不与恶人言;立于恶人之朝,与恶人言,如以朝衣朝冠坐于涂炭。推恶恶^{wù è}之心,思与乡人立,其冠不正,望望然去之,若将浼^{měi}焉。是故诸侯虽有善其辞命而至者,不受也。不受也者,是亦不屑就已。柳下惠不羞污君,不卑小官。进不隐贤,必以其道。遗佚而不怨,厄穷而不悯。故曰:'尔为尔,我为我;虽袒裼^{tǎn xī}裸裎^{chéng}于我侧,尔焉能浼我哉!'故由由然与之偕而不自失焉,援而止之而止。援而止之而止者,是亦不屑去已。"孟子曰:"伯夷隘^{ài},柳下惠不恭。隘与不恭,君子不由也。"

公
孫
丑
下

公孫丑下

01

　　孟子曰："天时不如地利，地利不如人和。三里之城，七里之郭，环而攻之而不胜；夫环而攻之，必有得天时者矣，然而不胜者，是天时不如地利也。城非不高也，池非不深也，兵革非不坚利也，米粟非不多也，委而去之，是地利不如人和也。故曰：域民不以封疆之界，固国不以山溪之险，威天下不以兵革之利。得道者多助，失道者寡助。寡助之至，亲戚畔（同'叛'）之；多助之至，天下顺之。以天下之所顺，攻亲戚之所畔，故君子有不战，战必胜矣。"

孟子将朝王。王使人来曰："寡人如就见者也，有寒疾，不可以风；朝将视^{zhāo}朝，不识可使寡人得见乎？"

对曰："不幸而有疾，不能造朝^{cháo}。"

明日出吊于东郭氏。公孙丑曰："昔者辞以病，今日吊，或者不可乎？"

曰："昔者疾，今日愈，如之何不吊？"

王使人问疾，医来。

孟仲子对曰："昔者有王命，有采薪之忧，不能造朝。今病小愈，趋造于朝；我不识能至否乎？"

使数人要于路，曰^{yāo}："请必无归，而造于朝。"

不得已而之景丑氏宿焉。

景子曰："内则父子，外则君臣，人之大伦也。父子主恩，君臣主敬。丑见王之敬子也，未见所以敬王也。"

曰："恶^{wū}！是何言也！齐人无以仁义与王言者，岂以仁义为不美也？其心曰'是何足与言仁义也'云尔，则不敬莫大乎是。我非尧舜之道不敢以陈于王前，故齐人莫如我敬王也。"

景子曰："否，非此之谓也。曰：'父召无诺；君命召，不俟^{sì}驾。'固将朝也，闻王命而遂不果，宜与夫礼若不相似然。"

曰："岂谓是与？曾子曰：'晋楚之富，不可及也。彼以其富，我以吾仁；彼以其爵，我以吾义，吾何慊乎哉？'夫岂不义而曾子言之？是或一道也。天下有达尊三：爵一，齿一，德一。朝廷莫如爵，乡党莫如齿，辅世长民莫如德。

恶得有其一，以慢其二哉？故将大有为之君，必有所不召之臣；欲有谋焉则就之。其尊德乐道不如是，不足以有为也。 故汤之于伊尹，学焉而后臣之，故不劳而王；桓公之于管仲，学焉而后臣之，故不劳而霸；今天下地丑德齐，莫能相尚。无他，好臣其所教，而不好臣其所受教。汤之于伊尹，桓公之于管仲，则不敢召；管仲且犹不可召，而况不为管仲者乎？"

03

陈臻问曰："前日于齐，王馈兼金一百而不受；于宋，馈七十镒而受；于薛，馈五十镒而受。 前日之不受是，则今日之受非也；今日之受是，则前日之不受非也。 夫子必居一于此矣！"

孟子曰："皆是也。当在宋也，予将有远行；行者必以赆，辞曰'馈赆'，予何为不受？当在薛也，予有戒心，辞曰'闻戒，故为兵馈之'，予何为不受？若于齐则未有处也。无处而馈之，是货之也；焉有君子而可以货取乎？"

04

孟子之平陆，谓其大夫曰："子之持戟之士，一日而三失伍，则去之否乎？"

曰："不待三。"

"然则子之失伍也亦多矣。凶年饥岁，子之民老羸转于沟壑，壮者散而之四方者，几千人矣。"

曰："此非距心之所得为也。"

曰："今有受人之牛羊而为之牧之者，

则必为之求牧与刍矣。求牧与刍而不得，则反诸其人乎？抑亦立而视其死与？"

曰："此则距心之罪也。"

他日，见于王曰："王之为都者，臣知五人焉。知其罪者，惟孔距心。"为王诵之。

王曰："此则寡人之罪也。"

05

孟子谓蚳鼃曰："子之辞灵丘而请士师，似也，为其可以言也。今既数月矣，未可以言与？"

蚳鼃谏于王而不用，致为臣而去。齐人曰："所以为蚳鼃，则善矣；所以自为，则吾不知也。"

公都子以告。

曰："吾闻之也：有官守者，不得其职则去；有言责者，不得其言则去。我无官守，我无言责也，则吾进退岂不绰^{chuò}绰然有余裕哉？"

06

孟子为卿于齐，出吊于滕，王使盖大夫王驩^{huān}为辅行。王驩朝暮见，反齐、滕之路，未尝与之言行事也。

公孙丑曰："齐卿之位，不为小矣；齐、滕之路，不为近矣。反之而未尝与言行事，何也？"

曰："夫既或治之，予何言哉？"

简言待辅

孟子为卿，出吊
于滕，王使大夫
王骥辅行，往返
齐滕，未尝与言
行事。公孙丑
问孟子，答以事
既以治，又何
言哉？

07

孟子自齐葬于鲁。 反（同"返"）于齐，止于嬴（yíng）。 充虞（yú）请曰："前日不知虞之不肖，使虞敦匠事；严，虞不敢请。 今愿窃有请也：木若以美然。"曰："古者棺椁（guǒ）无度，中古棺七寸、椁称之，自天子达于庶人。 非直为观美也，然后尽于人心。 不得，不可以为悦；无财，不可以为悦。 得之为有财。 古之人皆用之，吾何为独不然？且比化者，无使土亲肤，于人心独无恔乎？吾闻之君子：不以天下俭其亲。"

08

沈同以其私问曰："燕可伐与？"孟子曰："可。 子哙（kuài）不得与人燕，子之不得

反齐礼葬

孟子自齐葬鲁，反齐止嬴。充虞治棺至此，问曰：『木若以美？』孟子答曰：『非特观美，在乎得为自尽，以快人子之心而已。』

受燕于子哙。有仕于此，而子悦之，不告于王，而私与之吾子之禄爵；夫士也，亦无王命而私受之于子，则可乎？何以异于是？"

齐人伐燕。或问曰："劝齐伐燕，有诸？"曰："未也。沈同问：'燕可伐与？'吾应之曰：'可。'彼然而伐之也。彼如曰：'孰可以伐之？'则将应之曰：'为天吏则可以伐之。'今有杀人者，或问之曰：'人可杀与？'则将应之曰：'可。'彼如曰：'孰可以杀之？'则将应之曰：'为士师则可以杀之。'今以燕伐燕，何为劝之哉？"

09

燕人畔（同"叛"）。王曰："吾甚惭于

孟子。”

陈贾曰：“王无患焉，王自以为与周公，孰仁且智？”

王曰：“恶！是何言也！”

曰：“周公使管叔监殷，管叔以殷畔（同‘叛’）。知而使之，是不仁也；不知而使之，是不智也。仁智，周公未之尽也，而况于王乎？贾请见而解之。”

见孟子，问曰：“周公何人也？”

曰：“古圣人也。”

曰：“使管叔监殷，管叔以殷畔也，有诸？”

曰：“然。”

曰：“周公知其将畔而使之与？”

曰：“不知也。”

“然则圣人且有过与？”

曰：“周公，弟也；管叔，兄也。周

公之过，不亦宜乎？且古之君子，过则改之；今之君子，过则顺之。古之君子，其过也如日月之食，民皆见之；及其更也，民皆仰之。今之君子，岂徒顺之？又从为之辞。"

🦌 10 🦌

孟子致为臣而归，王就见孟子曰："前日愿见而不可得，得侍同朝甚喜。今又弃寡人而归，不识可以继此而得见乎？"

对曰："不敢请耳，固所愿也。"

他日，王谓时子曰："我欲中国而授孟子室，养弟子以万钟，使诸大夫国人皆有所矜式。子盍^{hé}为我言之？"

时子因陈子而以告孟子，陈子以时子

之言告孟子。

孟子曰："然。夫时子恶知其不可也？如使予欲富，辞十万而受万，是为欲富乎？季孙曰：'异哉子叔疑！使己为政，不用，则亦已矣，又使其子弟为卿。人亦孰不欲富贵？而独于富贵之中有私龙^{lǒng}（同"垄"）断焉。'古之为市也，以其所有易其所无者，有司者治之耳。有贱丈夫焉，必求龙断而登之，以左右望而罔市利。人皆以为贱，故从而征之。征商，自此贱丈夫始矣。"

🦌 11 🦌

孟子去齐，宿于昼。有欲为王留行者，坐而言。不应，隐几^{jǐ}而卧。

客不悦，曰："弟子齐宿而后敢言，

夫子卧而不听，请勿复敢见矣。"

曰："坐。我明语子：昔者鲁缪公无人乎子思之侧，则不能安子思；泄柳、申详无人乎缪公之侧，则不能安其身。子为长者虑，而不及子思。子绝长者乎？长者绝子乎？"

12

孟子去齐，尹士语人曰："不识王之不可以为汤、武，则是不明也；识其不可然且至，则是干泽也。千里而见王，不遇故去；三宿而后出昼，是何濡滞也！士则兹不悦。"

高子以告。

曰："夫尹士恶知予哉？千里而见王，是予所欲也。不遇故去，岂予所欲哉？

予不得已也。予三宿而出昼，于予心犹以为速。王庶几改之！王如改诸，则必反予。夫出昼而王不予追也，予然后浩然有归志。予虽然，岂舍王哉？王由足用为善；王如用予，则岂徒齐民安？天下之民举安。王庶几改之！予日望之！予岂若是小丈夫然哉！谏于其君而不受，则怒，悻悻然见于其面，去则穷日之力而后宿哉？”

尹士闻之，曰：“士诚小人也。”

13

孟子去齐，充虞路问曰：“夫子若有不豫色然。前日虞闻诸夫子曰：‘君子不怨天，不尤人。’”

曰：“彼一时，此一时也。五百年必

有王者兴，其间必有名世者。由周而来，七百有余岁矣；以其数则过矣，以其时考之则可矣。夫天，未欲平治天下也，如欲平治天下，当今之世，舍我其谁也？吾何为不豫哉？"

14

孟子去齐，居休。公孙丑问曰："仕而不受禄，古之道乎？"

曰："非也。于崇，吾得见王；退而有去志，不欲变，故不受也。继而有师命，不可以请。久于齐，非我志也。"

正告充虞

孟子去齐，充虞
路问曰：『夫子
若有不豫色然，
尝闻君子不能怨
尤。』孟子答以
时之不同，与王
之期已过，平治
之具在我，又何
不豫哉？

滕文公上

01

滕文公为世子，将之楚，过宋而见孟子。孟子道性善，言必称尧舜。

世子自楚反（同"返"），复见孟子。孟子曰："世子疑吾言乎？夫道一而已矣。成覸（jiàn）谓齐景公曰：'彼丈夫也，我丈夫也，吾何畏彼哉？'颜渊曰：'舜何人也？予何人也？有为者亦若是。'公明仪曰：'文王我师也，周公岂欺我哉？'今滕绝长补短，将五十里也，犹可以为善国。曰：'若药不瞑眩（xuàn），厥疾不瘳（chōu）。'"

02

滕定公薨（hōng），世子谓然友曰："昔者孟子尝与我言于宋，于心终不忘。今也不

遇宋见贤

滕文公为世子，
过宋而见孟子。
孟子道性善，言
必称尧舜，但众
人蔽于欲而不
充，尧舜则无欲
而充其性耳。

滕文公上

089

幸至于大故，吾欲使子问于孟子，然后行事。"

然友之邹，问于孟子。

孟子曰："不亦善乎！亲丧固所自尽也。曾子曰：'生，事之以礼；死，葬之以礼，祭之以礼，可谓孝矣。'诸侯之礼，吾未之学也。虽然，吾尝闻之矣：三年之丧，齐疏之服，饘(zī)粥之食，自天子达于庶人，三代共之。"

然友反命，定为三年之丧。父兄百官皆不欲也，故曰："吾宗国鲁先君莫之行，吾先君亦莫之行也；至于子之身而反之，不可。且《志》曰：'丧祭从先祖。'"曰："吾有所受之也。"

谓然友曰："吾他日未尝学问，好驰马试剑。今也父兄百官不我足也，恐其不能尽于大事。子为我问孟子。"

然友复之邹，问孟子。

孟子曰："然，不可以他求者也。孔子曰：'君薨，听于冢<ruby>冢<rt>zhǒng</rt></ruby>宰，歠<ruby>歠<rt>chuò</rt></ruby>粥，面深墨，即位而哭。百官有司，莫敢不哀，先之也。上有好者，下必有甚焉者矣。君子之德，风也；小人之德，草也。草上之风必偃。'是在世子。"

然友反命。

世子曰："然，是诚在我。"

五月居庐，未有命戒。百官族人，可谓曰知。及至葬，四方来观之。颜色之戚，哭泣之哀，吊者大悦。

03

滕文公问为国。

孟子曰："民事不可缓也。《诗》云：

'昼尔于茅，宵尔索绹^{táo}。亟其乘屋，其始播百谷。'民之为道也，有恒产者有恒心，无恒产者无恒心。苟无恒心，放僻邪侈，无不为已。及陷乎罪，然后从而刑之，是罔民也。焉有仁人在位罔民而可为也？是故贤君必恭俭礼下，取于民有制。阳虎曰：'为富不仁矣，为仁不富矣。'

　　"夏后氏五十而贡，殷人七十而助，周人百亩而彻。其实皆什一也。彻者彻也，助者藉^{jiè}也。龙子曰：'治地莫善于助，莫不善于贡。贡者校^{jiào}数岁之中以为常。乐岁粒米狼戾，多取之而不为虐，则寡取之；凶年粪其田而不足，则必取盈焉。为民父母，使民盻盻^{xì}然，将终岁勤动，不得以养其父母，又称贷而益之，使老稚转乎沟壑，恶在其为民父母也？'夫世禄滕固行之矣。云：'雨我公田，遂及^{yù}

我私。’惟助为有公田。由此观之，虽周亦助也。

"设为庠序学校以教之。庠者养也，校者教也，序者射也。夏曰校，殷曰序，周曰庠，学则三代共之，皆所以明人伦也。人伦明于上，小民亲于下。有王者起，必来取法，是为王者师也。

"《诗》云：‘周虽旧邦，其命维新。’文王之谓也。子力行之，亦以新子之国。"

使毕战问井地。

孟子曰："子之君将行仁政，选择而使子，子必勉之。夫仁政必自经界始。经界不正，井地不钧（同‘均’），谷禄不平。是故暴君污吏必慢其经界。经界既正，分田制禄，可坐而定也。

"夫滕壤地褊小，将为君子焉，将为

野人焉。无君子莫治野人，无野人莫养君子。请野九一而助，国中什一使自赋。卿以下必有圭田。圭田五十亩，余夫二十五亩。死徙无出乡，乡田同井，出入相友，守望相助，疾病相扶持，则百姓亲睦。方里而井；井九百亩，其中为公田。八家皆私百亩，同养公田。公事毕，然后敢治私事，所以别野人也。此其大略也。若夫润泽之，则在君与子矣。"

04

有为神农之言者许行，自楚之滕，踵门而告文公，曰："远方之人闻君行仁政，愿受一廛而为氓。"

文公与之处。

其徒数十人，皆衣褐，捆屦织席以

为食。

陈良之徒陈相与其弟辛，负耒耜而自
宋之滕，曰："闻君行圣人之政，是亦圣
人也，愿为圣人氓。"

陈相见许行而大悦，尽弃其学而
学焉。

陈相见孟子，道许行之言曰："滕君，
则诚贤君也；虽然，未闻道也。贤者与
民并耕而食，饔飧而治。今也滕有仓廪
府库，则是厉民而以自养也，恶得贤？"

孟子曰："许子必种粟而后食乎？"

曰："然。"

"许子必织布而后衣乎？"

曰："否，许子衣褐。"

"许子冠乎？"

曰："冠。"

曰："奚冠？"

曰："冠素。"

曰："自织之与？"

曰："否，以粟易之。"

曰："许子奚为不自织？"

曰："害于耕。"

曰："许子以釜甑爨、以铁耕乎？"

fǔ zèngcuàn

曰："然。"

"自为之与？"

曰："否。以粟易之。"

"以粟易械器者，不为厉陶冶；陶冶亦以械器易粟者，岂为厉农夫哉？且许子何不为陶冶，舍皆取诸其宫中而用之？何为纷纷然与百工交易？何许子之不惮烦？"

曰："百工之事，固不可耕且为也。"

"然则治天下独可耕且为与？有大人之事，有小人之事。且一人之身，而百工之所为备。如必自为而后用之，是率天下而路也。故曰：或劳心，或劳力。劳心者治人，劳力者治于人。治于人者食人，治人者食于人，天下之通义也。

"当尧之时，天下犹未平，洪水横流，泛滥于天下；草木畅茂，禽兽繁殖；五谷不登，禽兽偪人；兽蹄鸟迹之道，交于中国。尧独忧之，举舜而敷治焉。舜使益掌火；益烈山泽而焚之，禽兽逃匿。禹疏九河，瀹济、漯而注诸海；决汝、汉，排淮、泗而注之江，然后中国可得而食也。当是时也，禹八年于外，三过其门而不入，虽欲耕，得乎？

"后稷教民稼穑，树艺五谷，五谷熟而民人育。人之有道也，饱食、暖衣、逸居而无教，则近于禽兽。圣人有忧之，使契为司徒，教以人伦：父子有亲，君臣有义，夫妇有别，长幼有序，朋友有信。放勋曰：'劳之来之，匡之直之，辅之翼之，使自得之；又从而振德之。'圣人之忧民如此，而暇耕乎？

"尧以不得舜为己忧，舜以不得禹、皋陶为己忧。夫以百亩之不易为己忧者，农夫也。分人以财谓之惠，教人以善谓之忠，为天下得人者谓之仁。是故以天下与人易，为天下得人难。孔子曰：'大哉，尧之为君！惟天为大，惟尧则之。荡荡乎民无能名焉！君哉，舜也！巍巍乎有天下而不与焉！'尧舜之治天下，岂无所用其心哉？亦不用于耕耳。

"吾闻用夏变夷者，未闻变于夷者也。陈良，楚产也；悦周公、仲尼之道，北学于中国，北方之学者，未能或之先也。彼所谓豪杰之士也。子之兄弟事之

皋陶

高陽氏有才子八人天下謂之八愷其六
曰庭堅即皋陶之字帝舜命為士明於五
刑以弼五教刑期於無刑民協於中

数十年，师死而遂倍（同'背'）之。昔者，孔子没，三年之外，门人治任将归，入揖于子贡，相向而哭，皆失声，然后归。子贡反，筑室于场，独居三年，然后归。他日子夏、子张、子游以有若似圣人，欲以所事孔子事之，强曾子。曾子曰：'不可，江汉以濯之，秋阳以暴之，皜皜乎不可尚已。'今也南蛮鴃舌之人，非先王之道，子倍子之师而学之，亦异于曾子矣。吾闻出于幽谷、迁于乔木者，未闻下乔木而入于幽谷者。《鲁颂》曰：'戎狄是膺，荆舒是惩。'周公方且膺之，子是之学，亦为不善变矣！

"从许子之道，则市贾不贰，国中无伪；虽使五尺之童适市，莫之或欺。布帛长短同，则贾相若；麻缕丝絮轻重同，则贾相若；五谷多寡同，则贾相若；屦大小同，则贾相若。”

曰："夫物之不齐，物之情也。或相倍蓰，或相什百，或相千万；子比而同之，是乱天下也。巨屦小屦同贾（gǔ），人岂为之哉？从许子之道，相率而为伪者也，恶能治国家？"

05

墨者夷之，因徐辟而求见孟子。孟子曰："吾固愿见，今吾尚病，病愈，我且往见。"夷子不来。

他日又求见孟子。孟子曰："吾今则可以见矣。不直则道不见，我且直之。吾闻夷子墨者，墨之治丧也，以薄为其道也。夷子思以易天下，岂以为非是而不贵也？然而夷子葬其亲厚，则是以所贱事亲也。"

徐子以告夷子。

夷子曰："儒者之道，古之人'若保赤子'，此言何谓也？之则以为爱无差等，施由亲始。"

徐子以告孟子。

孟子曰："夫夷子信以为人之亲其兄之子为若亲其邻之赤子乎？彼有取尔也。赤子匍匐将入井，非赤子之罪也。且天之生物也使之一本，而夷子二本故也。盖上世尝有不葬其亲者，其亲死则举而委之于壑^{hè}。他日过之，狐狸食之，蝇蚋姑^{ruì}嘬之^{zuō}。其颡有泚^{sǎng cǐ}，睨而不视^{nì}。夫泚也，非为人泚，中心达于面目。盖归反虆梩^{léi sì}而掩之，掩之诚是也。则孝子仁人之掩其亲，亦必有道矣。"

徐子以告夷子。夷子怃然为间曰^{wǔ}："命之矣。"

郕國宗聖公 曾參 子輿

黎公端木 賜 子貢

魏公卜 商 子夏

陈公颛孙 师 子张

吴公言 偃 子游

平陰侯有 若子有

滕文公上

孟子圖話

滕文公下

滕文公下

陈代曰："不见诸侯，宜若小然。今一见之，大则以王，小则以霸。且《志》曰：'枉尺而直寻。'宜若可为也。"

孟子曰："昔齐景公田，招虞人以旌^{jīng}，不至，将杀之。'志士不忘在沟壑，勇士不忘丧其元。'孔子奚取焉？取非其招不往也。如不待其招而往，何哉？且夫枉尺而直寻者，以利言也。如以利，则枉寻直尺而利，亦可为与？昔者赵简子使王良与嬖奚乘，终日而不获一禽。嬖奚反（同'返'）命曰：'天下之贱工也。'或以告王良，良曰：'请复之。'强而后可，一朝而获十禽。嬖奚反命曰：'天下之良工也。'简子曰：'我使掌与女（同'汝'）乘。'谓王良。良不可，曰：'吾为之范我驰驱，终日不获一；为之诡遇，一朝而获十。《诗》云："不失其驰，舍矢如破。"我不贯与小人乘，请辞。'御者且羞与射者比。比而得禽兽，虽若丘陵，弗为也。如枉道而从彼，何也？且子过矣，枉己者，未有能直人者也。"

02

景春曰："公孙衍、张仪岂不诚大丈夫哉？一怒而诸侯惧，安居而天下熄。"

孟子曰："是焉得为大丈夫乎？子未学礼乎？丈夫之冠也，父命之；女子之嫁也，母命之，往送之门，戒之曰：'往之女家，必敬必戒，无违夫子。'以顺为正者，妾妇之道也。居天下之广居，立天下之正位，行天下之大道；得志与民由之，不得志，独行其道；富贵不能淫，贫贱不能移，威武不能屈——此之谓大丈夫！"

 03

周霄问曰："古之君子仕乎？"

孟子曰："仕。传曰：'孔子三月无君，则皇皇如也。出疆必载质。'公明仪曰：'古之人三月无君则吊。'"

"三月无君则吊，不以急乎？"

曰："士之失位也，犹诸侯之失国家也。《礼》曰：'诸侯耕助，以供粢盛。夫人蚕缲，以为衣服。牺牲不成，粢盛不洁，衣服不备，不敢以祭。惟士无田，则亦不祭。'牲杀器皿衣服不备，不敢以祭，则不敢以宴，亦不足吊乎？"

"出疆必载质，何也？"

曰："士之仕也，犹农夫之耕也。农夫岂为出疆舍其耒耜哉？"

曰："晋国亦仕国也，未尝闻仕如此其急。仕如此其急也，君子之难仕，何也？"

曰："丈夫生而愿为之有室，女子生而愿为之有家。父母之心，人皆有之。不待父母之命、媒妁之言，钻穴隙相窥，逾墙相从，则父母、国人皆贱之。古之人未尝不欲仕也，又恶不由其道。不由其道而往者，与钻穴隙之类也。"

04

彭更问曰："后车数十乘，从者数百人，以传食于诸侯，不以泰乎？"

列国尊贤

当时功利说盛，不知圣贤功用之大。彭更见国君尊养之至，故有车从泰多为问。孟子答以事合乎道，不为过也。

孟子曰："非其道，则一箪食不可受于人。如其道，则舜受尧之天下，不以为泰，子以为泰乎？"

曰："否。士无事而食，不可也。"

曰："子不通功易事，以羡补不足，则农有余粟，女有余布。子如通之，则梓^{zǐ}匠轮舆皆得食于子。于此有人焉；入则孝，出则悌，守先王之道，以待后之学者，而不得食于子。子何尊梓匠轮舆而轻为仁义者哉？"

曰："梓匠轮舆，其志将以求食也。君子之为道也，其志亦将以求食与？"

曰："子何以其志为哉？其有功于子，可食而食之矣。且子食志乎？食功乎？"

曰："食志。"

曰："有人于此，毁瓦画墁，其志将以求食也，则子食之乎？"

曰："否。"

曰："然则子非食志也，食功也。"

 05

万章问曰："宋，小国也，今将行王政，齐楚恶而伐之，则如之何？"

孟子曰："汤居亳，与葛为邻。葛伯放而不祀，汤使人问之曰：'何为不祀？'曰：'无以供牺牲也。'汤使遗之牛羊，葛伯食之，又不以祀。汤又使人问之曰：'何为不祀？'曰：'无以供粢盛也。'汤使亳众往为之耕，老弱馈食。葛伯率其民，要其有酒食黍稻者夺之，不授者杀之。有童子以黍肉饷，杀而夺之。《书》曰：'葛伯仇饷。'此之谓也。为其杀是童子而征之，四海之内皆曰：'非富天下也，为匹夫匹妇复仇也。’‘汤始征，自葛载’，十一征而无敌于天下。东面而征，西夷怨；南面而征，北狄怨，曰：‘奚为后我？’民之望之若大旱之望雨也。归市者弗止，芸（同‘耘’）者不变。诛其君，吊其民，如时雨降，民大悦。《书》曰：‘徯^{xī}我后，后来其无罚。’‘有攸不为臣，东征，绥^{suí}厥士女。篚^{fěi}厥玄黄，绍我周王见休，惟臣附于大邑周。’其君子实玄黄于篚以迎其君子，其小人箪食壶浆以迎其小人。救民于水火之中，取其残而已矣。《太誓》曰：‘我武惟扬，侵于之疆。则取于残，杀伐用张，于汤有光。’不行王政云尔；苟行王政，四海之内皆举首而望之，欲以为君。齐楚虽大，何畏焉？”

孟子谓戴不胜曰："子欲子之王之善与？我明告子：有楚大夫于此，欲其子之齐语也，则使齐人傅诸？使楚人傅诸？"

曰："使齐人傅之。"

曰："一齐人傅之，众楚人咻之，虽日挞而求其齐也，不可得矣。引而置之庄岳之间数年，虽日挞而求其楚，亦不可得矣。子谓薛居州，善士也，使之居于王所。在于王所者，长幼卑尊皆薛居州也，王谁与为不善？在王所者，长幼卑尊皆非薛居州也，王谁与为善？一薛居州，独如宋王何？"

公孙丑问曰:"不见诸侯,何义?"

孟子曰:"古者不为臣不见。段干木
逾垣而辟^{yuán bì}(同'避')之,泄柳闭门而不纳。
是皆已甚;迫,斯可以见矣。阳货欲见
孔子,而恶^{wù}无礼。大夫有赐于士,不得
受于其家,则往拜其门。阳货瞰^{kàn}孔子之
亡也,而馈孔子蒸豚,孔子亦瞰其亡也而
往拜之。当是时,阳货先,岂得不见?
曾子曰:'胁肩谄笑,病于夏畦^{qí}。'子路
曰:'未同而言,观其色,赧赧^{nǎn}然,非由
之所知也。'由是观之,则君子之所养,
可知已矣。"

滕文公下

08

戴盈之曰："什一，去关市之征，今兹未能。请轻之，以待来年，然后已，何如？"

孟子曰："今有人日攘其邻之鸡者，或告之曰：'是非君子之道。'曰：'请损之，月攘一鸡；以待来年，然后已。'如知其非义，斯速已矣，何待来年？"

09

公都子曰："外人皆称夫子好辩，敢问何也？"

孟子曰："予岂好辩哉？予不得已也！天下之生久矣，一治一乱：当尧之时，水逆行，泛滥于中国。蛇龙居之，民无所定。下者为巢，上者为营窟。《书》曰：'洚水警余。'洚水者，洪水也。使禹治之。禹掘地而注之海，驱蛇龙而放之菹，水由地中行，江、淮、河、汉是也。险阻既远，鸟兽之害人者消，然后人得平土而居之。

"尧舜既没，圣人之道衰。暴君代作，坏宫室以为污池，民无所安息；弃田以为园囿，使民不得衣食。邪说暴行又作。园囿污地沛泽多，而禽兽至。及纣之身，天下又大乱。周公相武王，诛纣、伐奄，三年讨其君，驱飞廉于海隅而戮之，灭国者五十，驱虎豹犀象而远之。天下大悦。《书》曰：'丕显哉，文王谟！丕承哉，武王烈！佑启我后人，咸以正无缺。'

"世衰道微，邪说暴行有作。臣弑

其君者有之，子弑其父者有之。孔子惧，作《春秋》。《春秋》，天子之事也。是故孔子曰：'知我者，其惟《春秋》乎！罪我者，其惟《春秋》乎！'

"圣王不作，诸侯放恣，处士横议。杨朱、墨翟之言盈天下。天下之言，不归杨则归墨。杨氏为我，是无君也。墨氏兼爱，是无父也。无父无君，是禽兽也。公明仪曰：'庖有肥肉，厩有肥马，民有饥色，野有饿莩，此率兽而食人也。'杨墨之道不息，孔子之道不著，是邪说诬民、充塞仁义也。仁义充塞，则率兽食人，人将相食。吾为此惧，闲先圣之道，距杨墨、放淫辞，邪说者不得作。作于其心，害于其事；作于其事，害于其政。圣人复起，不易吾言矣。

"昔者禹抑洪水而天下平，周公兼夷

狄、驱猛兽而百姓宁，孔子成《春秋》而乱臣贼子惧。《诗》云：'戎狄是膺，荆舒是惩，则莫我敢承。'无父无君，是周公所膺也。我亦欲正人心、息邪说、距诐行、放淫辞，以承三圣者。岂好辩哉？予不得已也。能言距杨墨者，圣人之徒也。"

匡章曰："陈仲子岂不诚廉士哉？居於陵_{wū}，三日不食，耳无闻，目无见也。井上有李，螬_{cáo}食实者过半矣，匍匐往将食之，三咽，然后耳有闻、目有见。"

孟子曰："于齐国之士，吾必以仲子为巨擘焉。虽然，仲子恶能廉？充仲子之操，则蚓而后可者也。夫蚓上食槁壤，下饮黄泉。仲子所居之室，伯夷之所筑与？抑亦盗跖之所筑与？所食之粟，伯夷之所树与？抑亦盗跖之所树与？是未可知也。"

曰："是何伤哉？彼身织屦、妻辟纑，以易之也。"

曰："仲子，齐之世家也。兄戴，盖禄万钟。以兄之禄为不义之禄而不食也，以兄之室为不义之室而不居也，避兄离母，处于於陵。他日归，则有馈其兄生鹅者，己频顣曰：'恶用是鶃鶃者为哉？'他日其母杀是鹅也，与之食之。其兄自外至，曰：'是鶃鶃之肉也。'出而哇之。以母则不食，以妻则食之；以兄之室则弗居，以於陵则居之。是尚为能充其类也乎？若仲子者，蚓而后充其操者也。"

陈仲子知廉（法·禄是遒《中国民间信仰研究》）

離婁上

離

婁

上

孟子曰："离娄之明，公输子之巧，不以规矩，不能成方员（同'圆'）。师旷之聪，不以六律，不能正五音。尧舜之道，不以仁政，不能平治天下。今有仁心仁闻而民不被其泽，不可法于后世者，不行先王之道也。故曰：徒善不足以为政，徒法不能以自行。《诗》云：'不愆不忘，率由旧章。'遵先王之法而过者，未之有也。圣人既竭目力焉，继之以规矩准绳，以为方员平直，不可胜用也。既竭耳力焉，继之以六律正五音，不可胜用也。既竭心思焉，继之以不忍人之政而仁覆天下矣。故曰：为高必因丘陵，为下必因川泽。为政不因先王之道，可谓智乎？是以惟仁者宜在高位。不仁而在高位，是播其恶于众也。上无道揆也，下无法守也；朝不信道，工不信度；君子犯义，小人犯刑，国之所存者幸也。故曰：城郭不完，兵甲不多，非国之灾也。田野不辟，货财不聚，非国之害也。上无礼，下无学，贼民兴，丧无日矣。《诗》曰：'天之方蹶，无然泄泄。'泄泄犹沓沓也。事君无义，进退无礼，言则非先王之道者，犹沓沓也。故曰：责难于君谓之恭，陈善闭邪谓之敬，吾君不能谓之贼。"

02

孟子曰："规矩，方员（同'圆'）之至也。圣人，人伦之至也。欲为君，尽君道；欲为臣，尽臣道，二者皆法尧舜而已矣。不以舜之所以事尧事君，不敬其君者也；不以尧之所以治民治民，贼其民者也。孔子曰：'道二，仁与不仁而已矣。'暴其民甚，则身弑国亡，不甚，则身危国削，名之曰'幽''厉'，虽孝子慈孙，百世不能改也。《诗》云：'殷鉴不远，在夏后之世。'此之谓也。"

03

孟子曰："三代之得天下也以仁，其失天下也以不仁。国之所以废兴存亡者亦然。天子不仁，不保四海；诸侯不仁，不保社稷；卿大夫不仁，不保宗庙；士庶人不仁，不保四体。今恶死亡而乐不仁，是由恶醉而强酒。"

04

孟子曰："爱人不亲，反其仁；治人不治，反其智；礼人不答，反其敬。行有不得者，皆反求诸己。其身正而天下归之。《诗》云：'永言配命，自求多福。'"

05

孟子曰："人有恒言，皆曰'天下国家'，天下之本在国，国之本在家，家之本在身。"

06

孟子曰："为政不难，不得罪于巨室。

巨室之所慕，一国慕之；一国之所慕，天下慕之。故沛然德教，溢乎四海。"

07

孟子曰："天下有道，小德役大德，小贤役大贤；天下无道，小役大，弱役强。斯二者，天也。顺天者存，逆天者亡。齐景公曰：'既不能令，又不受命，是绝物也。'涕出而女于吴。今也小国师大国，而耻受命焉，是犹弟子而耻受命于先师也。如耻之，莫若师文王。师文王，大国五年，小国七年，必为政于天下矣。《诗》云：'商之孙子，其丽不亿。上帝既命，侯于周服。侯服于周，天命靡常。殷士肤敏，祼将于京。'孔子曰：'仁不可为众也夫！国君好仁，天下无敌。'今也

欲无敌于天下，而不以仁，是犹执热而
不以濯^{zhuó}也。《诗》云：'谁能执热，逝不
以濯？'"

08

孟子曰："不仁者，可与言哉？安其
危而利其菑^{zāi}（同'灾'），乐其所以亡者。不
仁而可与言，则何亡国败家之有？有孺子
歌曰：'沧浪之水清兮，可以濯我缨；沧
浪之水浊兮，可以濯我足。'孔子曰：'小
子听之！清斯濯缨，浊斯濯足矣，自取之
也。'夫^{fú}人必自侮，然后人侮之；家必自
毁，而后人毁之；国必自伐，而后人伐
之。《太甲》曰：'天作孽，犹可违；自作
孽，不可活。'此之谓也。"

09

孟子曰:"桀、纣之失天下也,失其民也。失其民者,失其心也。得天下有道,得其民斯得天下矣。得其民有道,得其心斯得民矣。得其心有道,所欲,与之聚之;所恶,勿施尔也。民之归仁也,犹水之就下,兽之走圹^{kuàng}也。故为渊驱鱼者,獭^{tǎ}也;为丛驱爵^{què}(同'雀')者,鹯^{zhān}也;为汤、武驱民者,桀与纣也。今天下之君有好仁者,则诸侯皆为之驱矣。虽欲无王,不可得已。今之欲王者,犹七年之病求三年之艾也。苟为不畜^{xù},终身不得。苟不志于仁,终身忧辱,以陷于死亡。《诗》云:'其何能淑?载胥及溺。'此之谓也。"

图话《孟子》

132

10

孟子曰："自暴者，不可与有言也；自弃者，不可与有为也。言非礼义，谓之自暴也；吾身不能居仁由义，谓之自弃也。仁，人之安宅也；义，人之正路也。旷安宅而弗居，舍正路而不由，哀哉！"

11

孟子曰："道在迩，而求诸远；事在易，而求诸难。人人亲其亲、长其长，而天下平。"

12

孟子曰："居下位而不获于上，民不

可得而治也。获于上有道，不信于友，弗获于上矣。信于友有道，事亲弗悦，弗信于友矣。悦亲有道，反身不诚，不悦于亲矣。诚身有道，不明乎善，不诚其身矣。是故诚者，天之道也。思诚者，人之道也。至诚而不动者，未之有也。不诚，未有能动者也。”

13

孟子曰："伯夷辟纣，居北海之滨，闻文王作兴，曰：'盍归乎来！吾闻西伯善养老者。'太公辟纣，居东海之滨，闻文王作兴，曰：'盍归乎来！吾闻西伯善养老者。'二老者，天下之大老也，而归之，是天下之父归之也。天下之父归之，其子焉往？诸侯有行文王之政者，七年之

太公居东海之滨（明·戴进《渭滨垂钓图》）

内，必为政于天下矣。"

14

孟子曰："求也，为季氏宰，无能改于其德，而赋粟倍他日。孔子曰：'求非我徒也，小子鸣鼓而攻之，可也！'由此观之，君不行仁政而富之，皆弃于孔子者也，况于为之强战？争地以战，杀人盈野；争城以战，杀人盈城，此所谓率土地而食人肉，罪不容于死。故善战者服上刑，连诸侯者次之，辟草莱、任土地者次之。"

15

孟子曰："存乎人者，莫良于眸子，

眸子不能掩其恶。胸中正，则眸子瞭焉；
胸中不正，则眸子眊焉。听其言也，观
其眸子，人焉廋哉？"

16

孟子曰："恭者不侮人，俭者不夺人。
侮夺人之君，惟恐不顺焉，恶得为恭俭？
恭俭岂可以声音笑貌为哉？"

17

淳于髡曰："男女授受不亲，礼与？"

孟子曰："礼也。"

曰："嫂溺则援之以手乎？"

曰："嫂溺不援，是豺狼也。男女
授受不亲，礼也。嫂溺援之以手者，

离
娄
上

137

断绩励学

孟子少长就学而归，孟母方绩，问曰：『学所至矣？』曰：『自若也。』母以刀断绩，勉励其学。孟子惧，勤学不息，遂成大儒。

权也。”

曰：“今天下溺矣，夫子之不援，何也？”

曰：“天下溺，援之以道；嫂溺，援之以手。子欲手援天下乎？”

18

公孙丑曰：“君子之不教子，何也？”

孟子曰：“势不行也。教者必以正；以正不行，继之以怒；继之以怒，则反夷矣。‘夫子教我以正，夫子未出于正也。’则是父子相夷也。父子相夷则恶矣。古者易子而教之，父子之间不责善，责善则离，离则不祥莫大焉。”

19

孟子曰：“事孰为大？事亲为大。守孰为大？守身为大。不失其身而能事其亲者，吾闻之矣；失其身而能事其亲者，吾未之闻也。孰不为事？事亲，事之本也。孰不为守？守身，守之本也。曾子养曾皙，必有酒肉；将彻（同'撤'），必请所与；问有余，必曰'有'。曾皙死，曾元养曾子，必有酒肉；将彻，不请所与；问有余，曰'亡（同"无"）矣'，将以复进也，此所谓养口体者也。若曾子，则可谓养志也。事亲若曾子者，可也。”

20

孟子曰：“人不足与适（同'谪'）也，

政不足与间也，惟大人为能格君心之非。
君仁莫不仁，君义莫不义，君正莫不正，
一正君而国定矣。"

🦌 21 🦌

　　孟子曰："有不虞之誉，有求全
之毁。"

🦌 22 🦌

　　孟子曰："人之易其言也，无责
耳矣。"

🦌 23 🦌

　　孟子曰："人之患，在好为人师。"

乐正子从于子敖之齐。

乐正子见孟子。孟子曰："子亦来见我乎？"

曰："先生何为出此言也？"

曰："子来几日矣？"

曰："昔者。"

曰："昔者，则我出此言也，不亦宜乎？"

曰："舍^{shè}馆未定。"

曰："子闻之也；'舍馆定，然后求见长者'乎？"

曰："克有罪。"

25

孟子谓乐正子曰："子之从于子敖来，徒餔^{bū chuò}啜也。我不意子学古之道而以餔啜也！"

26

孟子曰："不孝有三，无后为大。舜不告而娶，为无后也，君子以为犹告也。"

27

孟子曰："仁之实，事亲是也。义之实，从兄是也。智之实，知斯二者弗去是也。礼之实，节文斯二者是也。乐之实，乐斯二者，乐则生矣。生则恶可

已也？恶可已，则不知足之蹈之、手之
舞之。"

🦌 28 🦌

孟子曰："天下大悦而将归己，视天
下悦而归己，犹草芥也，惟舜为然。不
得乎亲，不可以为人；不顺乎亲，不可以
为子。舜尽事亲之道，而瞽瞍^{gǔ sǒu dǐ}底豫。瞽
瞍底豫而天下化；瞽瞍底豫而天下之为父
子者定。此之谓大孝。"

舜帝孝德升闻图（清·佚名《帝鉴图说》）

離
娄
下

離婁下

01

　　孟子曰："舜生于诸冯，迁于负夏，卒于鸣条，东夷之人也。文王生于岐周，卒于毕郢，西夷之人也。地之相去也，千有余里；世之相后也，千有余岁。得志行乎中国，若合符节。先圣后圣，其揆一也。"

02

　　子产听郑国之政，以其乘舆济人于溱、洧。孟子曰："惠而不知为政，岁十一月徒杠成，十二月舆梁成，民未病涉也。君子平其政，行辟（同'避'）人可也，焉得人人而济之？故为政者，每人而悦之，日亦不足矣。"

孟子告齐宣王曰："君之视臣如手足，则臣视君如腹心；君之视臣如犬马，则臣视君如国人；君之视臣如土芥，则臣视君如寇雠^{chóu}。"

王曰："礼，为旧君有服。何如斯可为服矣？"

曰："谏行言听，膏泽下于民；有故而去，则使人导之出疆，又先于其所往；去三年不反，然后收其田舍。此之谓三有礼焉。如此则为之服矣。今也为臣，谏则不行，言则不听，膏泽不下于民；有故而去，则君搏执之，又极之于其所往；去之日，遂收其田舍。此之谓寇雠。寇雠何服之有？"

孟子曰："无罪而杀士，则大夫可以去；无罪而戮民，则士可以徙。"

孟子曰："君仁莫不仁，君义莫不义。"

孟子曰："非礼之礼，非义之义，大人弗为。"

07

孟子曰："中也养不中，才也养不才，故人乐有贤父兄也。如中也弃不中，才也弃不才，则贤不肖之相去，其间不能以寸。"

08

孟子曰："人有不为也，而后可以有为。"

09

孟子曰："言人之不善，当如后患何？"

10

孟子曰："仲尼不为已甚者。"

11

孟子曰："大人者，言不必信，行不必果，惟义所在。"

12

孟子曰："大人者，不失其赤子之心者也。"

13

孟子曰："养生者，不足以当大事，

惟送死可以当大事。"

14

孟子曰："君子深造之以道，欲其自
得之也。自得之则居之安，居之安则资
之深，资之深则取之左右逢其原。故君
子欲其自得之也。"

15

孟子曰："博学而详说之，将以反说
约也。"

16

孟子曰："以善服人者，未有能服人

者也。以善养人，然后能服天下。天下不心服而王者，未之有也。"

17

孟子曰："言无实不祥。不祥之实，蔽贤者当之。"

18

徐子曰："仲尼亟称于水曰：'水哉！水哉！'何取于水也？"

孟子曰："源泉混混（同'滚滚'），不舍昼夜，盈科而后进，放乎四海；有本者如是，是之取尔。苟为无本，七、八月之间雨集，沟浍皆盈；其涸也，可立而待也。故声闻过情，君子耻之。"

19

孟子曰："人之所以异于禽兽者几希，庶民去之，君子存之。舜明于庶物，察于人伦；由仁义行，非行仁义也。"

20

孟子曰："禹恶旨酒而好善言。汤执中，立贤无方。文王视民如伤，望道而未之见。武王不泄^{xiè}（同 '亵'）迩，不忘远。周公思兼三王，以施四事。其有不合者，仰而思之，夜以继日；幸而得之，坐以待旦。"

21

孟子曰："王者之迹熄而《诗》亡，《诗》亡然后《春秋》作。晋之《乘》shèng、楚之《梼杌》tāo wù、鲁之《春秋》，一也。其事则齐桓、晋文，其文则史。孔子曰：'其义则丘窃取之矣。'"

22

孟子曰："君子之泽，五世而斩；小人之泽，五世而斩。予未得为孔子徒也，予私淑诸人也。"

23

孟子曰："可以取，可以无取，取伤

廉。可以与，可以无与，与伤惠。可以
死，可以无死，死伤勇。"

 24

逢蒙学射于羿，尽羿之道，思天下
惟羿为愈己，于是杀羿。孟子曰："是亦
羿有罪焉。"

公明仪曰："宜若无罪焉。"

曰："薄乎云尔，恶得无罪？郑人
使子濯孺子侵卫，卫使庾公之斯追之。
子濯孺子曰：'今日我疾作，不可以执
弓，吾死矣夫！'问其仆曰：'追我者谁
也？'其仆曰：'庾公之斯也。'曰：'吾
生矣。'其仆曰：'庾公之斯，卫之善射者
也，夫子曰"吾生"，何谓也？'曰：'庾
公之斯学射于尹公之他，尹公之他学射

于我。夫尹公之他，端人也，其取友必端矣。'庾公之斯至，曰：'夫子何为不执弓？'曰：'今日我疾作，不可以执弓。'曰：'小人学射于尹公之他，尹公之他学射于夫子。我不忍以夫子之道，反害夫子。虽然，今日之事，君事也，我不敢废。'抽矢，叩轮，去其金、发乘^{shèng}矢而后反（同'返'）。"

25

孟子曰："西子蒙不洁，则人皆掩鼻而过之。虽有恶人，斋戒沐浴，则可以祀上帝。"

26

孟子曰："天下之言性也，则故而已矣。故者，以利为本。所恶于智者，为其凿也。如智者，若禹之行水也，则无恶于智矣。禹之行水也，行其所无事也。如智者亦行其所无事，则智亦大矣。天之高也，星辰之远也，苟求其故，千岁之日至，可坐而致也。"

27

公行子有子之丧，右师往吊。入门，有进而与右师言者，有就右师之位而与右师言者。孟子不与右师言，右师不悦曰："诸君子皆与驩言，孟子独不与驩言，是简驩也。"

子敖不豫

公行子有子之丧，盖大夫王
驩以君命往吊，
诸臣皆与驩言，
孟子独不与驩
言。王驩不悦，
孟子以朝廷之
礼晓之。

孟子闻之，曰："礼，朝庭不历位而相与言，不逾阶而相揖也。我欲行礼，子敖以我为简，不亦异乎？"

 28

孟子曰："君子所以异于人者，以其存心也。君子以仁存心，以礼存心。仁者爱人，有礼者敬人。爱人者，人常爱之；敬人者，人常敬之。有人于此，其待我以横逆，则君子必自反也：'我必不仁也，必无礼也，此物奚宜至哉？'其自反而仁矣，自反而有礼矣。其横逆由是也，君子必自反也：'我必不忠。'自反而忠矣。其横逆由是也，君子曰：'此亦妄人也已矣。如此则与禽兽奚择哉？于禽兽又何难焉？'是故君子有终身之忧，无一朝之患也。乃若所忧则有之：舜，人也；我，亦人也。舜为法于天下，可传于后世，我由未免为乡人也，是则可忧也。忧之如何？如舜而已矣。若夫君子所患则亡矣。非仁无为也，非礼无行也。如有一朝之患，则君子不患矣。"

29

禹、稷^{jì}当平世，三过其门而不入，孔子贤之。颜子当乱世，居于陋巷，一箪食，一瓢饮，人不堪其忧，颜子不改其乐，孔子贤之。孟子曰："禹、稷、颜回同道。禹思天下有溺者，由己溺之也；稷思天下有饥者，由己饥之也。是以如是其急也。禹、稷、颜子易地则皆然。今有同室之人斗者，救之，虽被发缨^{pī}冠而

后稷

姓姬名弃母姜嫄为帝喾元妃初欲弃因以
为名既长好耕农民皆则之尧举为农师使
教民耕种官名曰后稷：为五谷之长故以名
主谷之官周文王之祖也武王即天子位尊号
曰后

救之，可也。乡邻有斗者，被发缨冠而往救之，则惑也，虽闭户可也。"

30

公都子曰："匡章，通国皆称不孝焉。夫子与之游，又从而礼貌之，敢问何也？"

孟子曰："世俗所谓不孝者五：惰其四支，不顾父母之养，一不孝也；博弈、好饮酒，不顾父母之养，二不孝也；好货财、私妻子，不顾父母之养，三不孝也；从耳目之欲，以为父母戮，四不孝也；好勇斗狠，以危父母，五不孝也。章子有一于是乎？夫章子，子父责善而不相遇也。责善，朋友之道也。父子责善，贼恩之大者。夫章子岂不欲有夫妻子母之属哉？为得罪于父，不得近；出妻屏子，终身不养焉。 其设心以为不若是，是则罪之大者。 是则章子已矣。"

31

　　曾子居武城，有越寇。 或曰："寇至，盍去诸？"曰："无寓人于我室，毁伤其薪木。"寇退，则曰："修我墙屋，我将反。"寇退，曾子反。 左右曰："待先生如此其忠且敬也，寇至则先去以为民望，寇退则反，殆于不可！"沈犹行曰："是非汝所知也。 昔沈犹有负刍之祸，从先生者七十人，未有与焉。"

　　子思居于卫，有齐寇。 或曰："寇至，盍去诸？"子思曰："如伋去，君谁与守？"

孟子曰："曾子、子思同道。曾子师也，父兄也；子思臣也，微也。曾子、子思易地则皆然。"

32

储子曰："王使人瞷（jiàn）夫子，果有以异于人乎？"

孟子曰："何以异于人哉？尧舜与人同耳。"

33

齐人有一妻一妾而处（chǔ）室者，其良人出，则必餍（yàn）酒肉而后反（同"返"）。其妻问其所与饮食者，则尽富贵也。其妻告其妾曰："良人出，则必餍酒肉而后反。问其与饮食者，尽富贵也；而未尝有显者来。吾将瞷良人之所之也。"

蚤（同"早"）起，施从良人之所之。遍国中无与立谈者。卒之东郭墦间之祭者，乞其余；不足，又顾而之他，此其为餍足之道也！

其妻归，告其妾曰："良人者，所仰望而终身也。今若此！"与其妾讪其良人而相泣于中庭。而良人未之知也，施施从外来，骄其妻妾。

由君子观之，则人之所以求富贵利达者，其妻妾不羞也而不相泣者，几希矣！

万章上

萬章上

万章问曰："舜往于田，号泣于旻天^{háo}^{mín}。何为其号泣也？"

　　孟子曰："怨慕也。"

　　万章曰："父母爱之，喜而不忘；父母恶之，劳而不怨。然则舜怨乎？"

　　曰："长息问于公明高曰：'舜往于田，则吾既得闻命矣；号泣于旻天、于父母，则吾不知也。'公明高曰：'是非尔所知也。'夫公明高以孝子之心为不若是恝。'我竭力耕田，共为子职而已矣；父母之不我爱，于我何哉？'帝使其子九男二女，百官牛羊仓廪备，以事舜于畎亩之^{quǎn}中。天下之士多就之者，帝将胥天下而迁之焉。为不顺于父母，如穷人无所归。天下之士悦之，人之所欲也，而不足以解

舜耕历山（明·仇英《纯孝图册》）

忧。好色，人之所欲；妻帝之二女，而不足以解忧。富，人之所欲；富有天下，而不足以解忧。贵，人之所欲；贵为天子，而不足以解忧。人悦之、好色、富贵无足以解忧者，惟顺于父母可以解忧。人少则慕父母，知好色则慕少艾，有妻子则慕妻子，仕则慕君，不得于君则热中。大孝终身慕父母，五十而慕者，予于大舜见之矣！"

02

万章问曰："《诗》云：'娶妻如之何？必告父母。'信斯言也，宜莫如舜。舜之不告而娶，何也？"

孟子曰："告则不得娶。男女居室，人之大伦也。如告则废人之大伦以怼父母，是以不告也。"

万章曰："舜之不告而娶，则吾既得闻命矣。帝之妻舜而不告，何也？"

曰："帝亦知告焉则不得妻也。"

万章曰："父母使舜完廪，捐阶，瞽瞍焚廪。使浚井，出，从而掩之。象曰：'谟盖都君咸我绩。牛羊父母，仓廪父母，干戈朕，琴朕，弤朕，二嫂使治朕栖。'象往入舜宫，舜在床琴。象曰：'郁陶思君尔。'忸怩。舜曰：'唯兹臣庶，汝其于予治。'不识舜不知象之将杀己与？"

曰："奚而不知也！象忧亦忧，象喜亦喜。"

曰："然则舜伪喜者与？"

曰："否。昔者有馈生鱼于郑子产，子产使校人畜之池。校人烹之，反（同

'返'）命曰：'始舍之圉圉焉，少则洋洋焉，攸然而逝。'子产曰：'得其所哉！得其所哉！'校人出，曰：'孰谓子产智？予既烹而食之，曰："得其所哉！得其所哉！"'故君子可欺以其方，难罔以非其道。彼以爱兄之道来，故诚信而喜之。奚伪焉！"

03

万章问曰："象日以杀舜为事，立为天子，则放之，何也？"

孟子曰："封之也。或曰放焉。"

万章曰："舜流共工于幽州，放驩兜于崇山，杀三苗于三危，殛鲧于羽山，四罪而天下咸服。诛不仁也。象至不仁，封之有庳。有庳之人奚罪焉？仁人固如是乎？在他人则诛之，在弟则封之！"

曰："仁人之于弟也，不藏怒焉，不宿怨焉，亲爱之而已矣。亲之，欲其贵也；爱之，欲其富也。封之有庳，富贵之也。身为天子，弟为匹夫，可谓亲爱之乎？"

"敢问'或曰放'者，何谓也？"

曰："象不得有为于其国，天子使吏治其国，而纳其贡税焉，故谓之放。岂得暴彼民哉？虽然，欲常常而见之，故源源而来。'不及贡，以政接于有庳'，此之谓也。"

04

咸丘蒙问曰："语云：'盛德之士，君不得而臣，父不得而子。'舜南面而立，尧帅诸侯北面而朝之，瞽瞍亦北面而朝之。舜见瞽瞍，其容有蹙。孔子曰：'于斯时也，天下殆哉，岌岌乎！'不识此语，诚然乎哉？"

孟子曰："否，此非君子之言，齐东野人之语也。尧老而舜摄也，《尧典》曰：'二十有八载，放勋乃徂落，百姓如丧考妣。三年，四海遏密八音。'孔子曰：'天无二日，民无二王。'舜既为天子矣，又帅天下诸侯以为尧三年丧，是二天子矣！"

咸丘蒙曰："舜之不臣尧，则吾既得闻命矣。《诗》云：'普天之下，莫非王土；率土之滨，莫非王臣。'而舜既为天子矣，敢问瞽瞍之非臣如何？"

曰："是诗也，非是之谓也，劳于王事而不得养父母也。曰：'此莫非王事，我独贤劳也。'故说诗者，不以文害辞，不以辞害志；以意逆志，是为得之。如以辞而已矣，《云汉》之诗曰：'周余黎民，靡有孑遗。'信斯言也，是周无遗民也。孝子之至，莫大乎尊亲；尊亲之至，莫大乎以天下养。为天子父，尊之至也；以天下养，养之至也。《诗》曰：'永言孝思，孝思惟则。'此之谓也。《书》曰：'祗载见瞽瞍，夔夔斋栗，瞽瞍亦允若。'是为父不得而子也？"

05

万章曰："尧以天下与舜，有诸？"

孟子曰："否，天子不能以天下与人。"

"然则舜有天下也，孰与之？"

曰："天与之。"

"天与之者，谆谆然命之乎？"

曰："否，天不言，以行与事示之而已矣。"

曰："以行与事示之者，如之何？"

曰："天子能荐人于天，不能使天与之天下；诸侯能荐人于天子，不能使天子与之诸侯；大夫能荐人于诸侯，不能使诸侯与之大夫。昔者尧荐舜于天而天受之，暴之于民而民受之。故曰：天不言，以行与事示之而已矣。"

曰："敢问'荐之于天而天受之，暴之于民而民受之'，如何？"

曰："使之主祭而百神享之，是天受之。使之主事而事治，百姓安之，是民受之也。天与之，人与之，故曰：天子不能以天下与人。舜相尧二十有八载，非人之所能为也，天也。尧崩，三年之丧毕，舜避尧之子于南河之南。天下诸侯朝觐者，不之尧之子而之舜；讼狱者，不之尧之子而之舜；讴歌者，不讴歌尧之子而讴歌舜，故曰'天'也。夫然后之中国，践天子位焉。而居尧之宫，逼尧之子，是'篡'也，非'天与'也。《泰誓》曰：'天视自我民视，天听自我民听。'此之谓也。"

06

万章问曰："人有言'至于禹而德衰，不传于贤而传于子'，有诸？"

孟子曰："否，不然也。天与贤则与贤，天与子则与子。昔者舜荐禹于天，十有七年；舜崩，三年之丧毕，禹避舜之子于阳城；天下之民从之，若尧崩之后不从尧之子而从舜也。禹荐益于天，七年，禹崩，三年之丧毕，益避禹子于箕山之阴；朝觐讼狱者，不之益而之启，曰：'吾君之子也。'讴歌者不讴歌益而讴歌启，曰：'吾君之子也。'丹朱之不肖，舜之子亦不肖；舜之相尧、禹之相舜也，历年多，施泽于民久。启贤，能敬承继禹之道；益之相禹也，历年少，施泽于民未久。舜、禹、益相去久远，其子之贤不肖皆天也，非人之所能为也。莫之为而为者，天也；莫之致而至者，命也。匹夫而有天下者，德必若舜禹，而又有天子荐之者，故仲尼不有天下。继世而有天下，天之所废，必若桀纣者也，故益、伊尹、周公不有天下。伊尹相汤以王于天下，汤崩，太丁未立，外丙二年，仲壬四年。 太甲颠覆汤之典刑，伊尹放之于桐三年；太甲悔过，自怨自艾，于桐处仁迁义，三年以听伊尹之训己也，复归于亳。周公之不有天下，犹益之于夏、伊尹之于殷也。 孔子曰：'唐虞禅，夏后、殷、周继，其义一也。'"

07

万章问曰："人有言'伊尹以割烹要汤'，有诸？"

孟子曰："否，不然。 伊尹耕于有莘之野，而乐尧舜之道焉。 非其义也，非其道也，禄之以天下弗顾也，系马千驷弗视也。 非其义也，非其道也，一介不以与人，一介不以取诸人。 汤使人以币聘之。 嚣嚣然曰：'我何以汤之聘币为

伊尹（清·佚名《历代帝王圣贤名臣大儒遗像》）

伊尹

名挚力牧之後生於陳留南宫桑城後居伊
水故曰伊又名尹者尹正也謂湯使之正天下
也湯使人以幣聘之於有莘之野任以國政因
說湯以伐夏救民之事湯進於桀不能用尹後
歸湯征諸侯葛伯不祀湯始伐之既湯放桀以
尹為相仲虺次之以興商業

哉？我岂若处畎亩之中，由是以乐尧舜之道哉？'汤三使往聘之。既而幡^{fān}然改曰：'与我处畎亩之中，由是以乐尧舜之道，吾岂若使是君为尧舜之君哉？吾岂若使是民为尧舜之民哉？吾岂若于吾身亲见之哉？天之生此民也，使先知觉后知，使先觉觉后觉也。予，天民之先觉者也。予将以斯道觉斯民也，非予觉之而谁也？'思天下之民匹夫匹妇有不被^{pī}尧舜之泽者，若己推而内^{nà}（同'纳'）之沟中。其自任以天下之重如此，故就汤而说之以伐夏救民。吾未闻枉己而正人者也，况辱己以正天下者乎？圣人之行不同也，或远或近，或去或不去，归洁其身而已矣。吾闻其以尧舜之道要汤，未闻以割烹也。《伊训》曰：'天诛造攻自牧宫，朕载自亳。'"

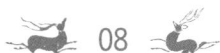

万章问曰："或谓'孔子于卫主痈疽，于齐主侍人瘠环'，有诸乎？"

孟子曰："否，不然也，好事者为之也。于卫主颜雠由。弥子之妻与子路之妻，兄弟也。弥子谓子路曰：'孔子主我，卫卿可得也。'子路以告。孔子曰：'有命。'孔子进以礼，退以义，得之不得曰'有命'。而主痈疽与侍人瘠环，是无义无命也。孔子不悦于鲁卫，遭宋桓司马，将要而杀之，微服而过宋。是时孔子当厄，主司城贞子，为陈侯周臣。吾闻观近臣，以其所为主；观远臣，以其所主。若孔子主痈疽与侍人瘠环，何以为孔子！"

09

万章问曰："或曰：'百里奚自鬻于秦养牲者五羊之皮，食牛，以要秦缪公。'信乎？"

孟子曰："否，不然，好事者为之也。百里奚，虞人也。晋人以垂棘之璧与屈产之乘，假道于虞以伐虢。宫之奇谏，百里奚不谏，知虞公之不可谏而去。之秦，年已七十矣，曾不知以食牛干秦缪公之为污也，可谓智乎？不可谏而不谏，可谓不智乎？知虞公之将亡而先去之，不可谓不智也。时举于秦，知缪公之可与有行也而相之，可谓不智乎？相秦而显其君于天下，可传于后世，不贤而能之乎？自鬻以成其君，乡党自好者不为，而谓贤者为之乎？"

万
章
上

万

章

下

萬章下

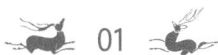

孟子曰："伯夷目不视恶色，耳不听恶声。非其君不事，非其民不使。治则进，乱则退。横政之所出，横民之所止，不忍居也。思与乡人处，如以朝衣朝冠坐于涂炭也。当纣之时，居北海之滨，以待天下之清也。故闻伯夷之风者，顽夫廉，懦夫有立志。

"伊尹曰：'何事非君？何使非民？'治亦进，乱亦进。曰：'天之生斯民也，使先知觉后知，使先觉觉后觉。予，天民之先觉者也；予将以此道觉此民也。'思天下之民匹夫匹妇有不与被尧舜之泽者，如己推而内之沟中。其自任以天下之重也。

"柳下惠不羞污君，不辞小官。进不隐贤，必以其道。遗佚而不怨，厄穷而不悯。与乡人处，由由然不忍去也。'尔为尔，我为我，虽袒裼裸裎于我侧，尔焉能浼我哉？'故闻柳下惠之风者，鄙夫宽，薄夫敦。

"孔子之去齐，接淅而行。去鲁，曰：'迟迟吾行也。'去父母国之道也。可以速而速，可以久而久，可以处而处，可以仕而仕，孔子也。"

孟子曰："伯夷，圣之清者也；伊尹，圣之任者也；柳下惠，圣之和者也；孔子，圣之时者也。孔子之谓集大成。集大成也者，金声而玉振之也。金声也者，始条理也；玉振之也者，终条理也。始条理者，智之事也；终条理者，圣之事也。智，譬则巧也；圣，譬则力也。由射于百步之外也；其至，尔力也；其中，非尔力也。"

伯夷、叔齐（明·佚名《仿李唐采薇图》）

北宫锜问曰："周室班爵禄也，如之何？"

孟子曰："其详不可得闻也，诸侯恶其害己也，而皆去其籍。然而轲也尝闻其略也。天子一位，公一位，侯一位，伯一位，子、男同一位，凡五等也。君一位，卿一位，大夫一位，上士一位，中士一位，下士一位，凡六等。天子之制，地方千里，公侯皆方百里，伯七十里，子、男五十里，凡四等。不能五十里，不达于天子，附于诸侯，曰附庸。天子之卿受地视侯，大夫受地视伯，元士受地视子、男。大国地方百里，君十卿禄，卿禄四大夫，大夫倍上士，上士倍中士，中士倍下士，下士与庶人在官者同禄，禄足以代其耕也。 次国地方七十里，君十卿禄，卿禄三大夫，大夫倍上士，上士倍中士，中士倍下士，下士与庶人在官者同禄，禄足以代其耕也。 小国地方五十里，君十卿禄，卿禄二大夫，大夫倍上士，上士倍中士，中士倍下士，下士与庶人在官者同禄，禄足以代其耕也。 耕者之所获，一夫百亩；百亩之粪，上农夫食九人，上次食八人，中食七人，中次食六人，下食五人。 庶人在官者，其禄以是为差。"

 03

万章问曰："敢问友。"

孟子曰："不挟长，不挟贵，不挟兄
xié zhǎng
弟而友。 友也者，友其德也，不可以有挟也。 孟献子，百乘之家也，有友五人焉：乐正裘、牧仲，其三人则予忘之矣。献子之与此五人者友也，无献子之家者也。此五人者亦有献子之家，则不与之友矣。非惟百乘之家为然也，虽小国之君亦有之。费惠公曰：'吾于子思则师之矣，吾于颜般则友之矣，王顺、长息，则事我者也。'非惟小国之君为然也，虽大国之君亦有之。晋平公之于亥唐也，入云则入，坐云则坐，食云则食。虽疏食菜羹，未尝不饱，盖不敢不饱也。然终于此而已矣，弗与共天位也，弗与治天职也，弗与食天禄也。士之尊贤者也，非王公之尊贤也。舜尚见帝，帝馆甥于贰室，亦飨舜，迭为宾主，是天子而友匹夫也。用下敬上，谓之贵贵；用上敬下，谓之尊贤。贵贵、尊贤，其义一也。"

万章曰："敢问交际何心也？"

孟子曰："恭也。"

曰："却之却之为不恭，何哉？"

曰："尊者赐之，曰：'其所取之者义乎，不义乎？'而后受之，以是为不恭，故弗却也。"

曰："请无以辞却之，以心却之，曰：'其取诸民之不义也。'而以他辞无受，不可乎？"

曰："其交也以道，其接也以礼，斯孔子受之矣。"

万章曰："今有御人于国门之外者，其交也以道，其馈也以礼，斯可受御与？"

曰："不可。《康诰》曰：'杀越人于

货，闵不畏死，凡民罔不谰 $\overset{duì}{}$ （同'憝'）。'
是不待教而诛者也。殷受夏，周受殷， $\overset{jiào}{}$
所不辞也，于今为烈，如之何其受之！"

曰："今之诸侯取之于民也，犹御也。
'苟善其礼际矣，斯君子受之'，敢问何
说也？"

曰："子以为有王者作，将比今之诸
侯而诛之乎？其教之不改而后诛之乎？夫
谓非其有而取之者盗也，充类至义之尽
也。孔子之仕于鲁也，鲁人猎较，孔子
亦猎较。猎较犹可，而况受其赐乎？"

曰："然则孔子之仕也，非事道与？"

曰："事道也。"

"事道，奚猎较也？"

曰："孔子先簿正祭器，不以四方之 $\overset{bù}{}$
食供簿正。"

曰："奚不去也？"

曰："为之兆也，兆足以行矣，而不行，而后去；是以未尝有所终三年淹也。孔子有见行可之仕，有际可之仕，有公养之仕。于季桓子，见行可之仕也；于卫灵公，际可之仕也；于卫孝公，公养之仕也。"

孟子曰："仕非为贫也，而有时乎为贫；娶妻非为养也，而有时乎为养。为贫者，辞尊居卑，辞富居贫。辞尊居卑，辞富居贫，恶乎宜乎？抱关击柝。孔子尝为委吏矣，曰：'会计当而已矣。'尝为乘田矣，曰：'牛羊茁壮长而已矣。'位卑而言高，罪也。立乎人之本朝而道不行，耻也。"

万章曰："士之不托诸侯，何也？"

孟子曰："不敢也。诸侯失国而后托于诸侯，礼也。士之托于诸侯，非礼也。"

万章曰："君馈之粟，则受之乎？"

曰："受之。"

"受之何义也？"

曰："君之于氓也，固周之。"

曰："周之则受，赐之则不受，何也？"

曰："不敢也。"

曰："敢问其'不敢'何也？"

曰："抱关击柝者，皆有常职以食于上。无常职而赐于上者，以为不恭也。"

曰："君馈之，则受之，不识可常继乎？"

曰："缪公之于子思也，亟问，亟馈

鼎肉。子思不悦。于卒也，摽^{biāo}使者出诸大门之外，北面稽^{qǐ}首再拜而不受，曰：'今而后知君之犬马畜伋！'盖自是台^{shǐ}（同'始'）无馈也。悦贤不能举，又不能养也，可谓悦贤乎？"

曰："敢问国君欲养君子，如何斯可谓养矣？"

曰："以君命将之，再拜稽首而受；其后廪人继粟，庖人继肉，不以君命将之。子思以为鼎肉使己仆仆尔亟拜也，非养君子之道也。尧之于舜也，使其子九男事之，二女女焉，百官牛羊仓廪备，以养舜于畎亩之中，后举而加诸上位。故曰王公之尊贤者也。"

07

万章曰："敢问不见诸侯，何义也？"

孟子曰："在国曰市井之臣，在野曰草莽之臣，皆谓庶人。庶人不传质为臣，不敢见于诸侯，礼也。"

万章曰："庶人，召之役，则往役；君欲见之，召之，则不往见之，何也？"

曰："往役，义也；往见，不义也。且君之欲见之也，何为也哉？"

曰："为其多闻也，为其贤也。"

曰："为其多闻也，则天子不召师，而况诸侯乎？为其贤也，则吾未闻欲见贤而召之也。缪公亟见于子思，曰：'古千乘之国以友士，何如？'子思不悦，曰：'古之人有言曰"事之云乎"，岂曰友之云乎？'子思之不悦也，岂不曰：'以位，则子，君也，我，臣也，何敢与君友也？以德，则子事我者也，奚可以与我友？'千乘之君求与之友，而不可得也，而况可召与？齐景公田，招虞人以旌；不至，将杀之。'志士不忘在沟壑，勇士不忘丧其元。'孔子奚取焉？取非其招不往也。"

曰："敢问招虞人何以？"

曰："以皮冠。 庶人以旃，士以旗，大夫以旌。 以大夫之招招虞人，虞人死不敢往；以士之招招庶人，庶人岂敢往哉？况乎以不贤人之招招贤人乎？欲见贤人而不以其道，犹欲其入而闭之门也。夫义，路也；礼，门也。 惟君子能由是路，出入是门也。《诗》云：'周道如底，其直如矢。 君子所履，小人所视。'"

万章曰："孔子'君命召，不俟驾而行'。 然则孔子非与？"

曰："孔子当仕有官职，而以其官召之也。"

08

　　孟子谓万章曰："一乡之善士，斯友一乡之善士；一国之善士，斯友一国之善士；天下之善士，斯友天下之善士。以友天下之善士为未足，又尚论古之人。颂其诗，读其书，不知其人，可乎？是以论其世也。是尚友也。"

09

　　齐宣王问卿。孟子曰："王何卿之问也？"

　　王曰："卿不同乎？"

　　曰："不同，有贵戚之卿，有异姓之卿。"

　　王曰："请问贵戚之卿。"

曰：“君有大过则谏，反复之而不听，则易位。”

王勃然变乎色。

曰：“王勿异也。王问臣，臣不敢不以正对。”

王色定，然后请问“异姓之卿”。

曰：“君有过则谏，反复之而不听，则去。”

告子上

01

告子曰："性，犹杞柳也；义，犹桮棬也。以人性为仁义，犹以杞柳为桮棬。"

孟子曰："子能顺杞柳之性而以为桮棬乎？将戕贼杞柳而后以为桮棬也？如将戕贼杞柳而以为桮棬，则亦将戕贼人以为仁义与？率天下之人而祸仁义者，必子之言夫！"

02

告子曰："性，犹湍水也，决诸东方则东流，决诸西方则西流。人性之无分于善不善也，犹水之无分于东西也。"

孟子曰："水信无分于东西，无分于

上下乎？人性之善也，犹水之就下也。人无有不善，水无有不下。今夫水，搏而跃之，可使过颡，激而行之，可使在山，是岂水之性哉？其势则然也。人之可使为不善，其性亦犹是也。”

 03

告子曰：“生之谓性。”

孟子曰：“生之谓性也，犹白之谓白与？”

曰：“然。”

“白羽之白也，犹白雪之白，白雪之白，犹白玉之白与？”

曰：“然。”

“然则犬之性犹牛之性，牛之性犹人之性与？”

告子曰:"食色，性也。仁，内也，非外也。义，外也，非内也。"

孟子曰:"何以谓仁内义外也?"

曰:"彼长_{zhǎng}而我长_{zhǎng}之，非有长于我也。犹彼白而我白之，从其白于外也，故谓之外也。"

曰:"异于白马之白也，无以异于白人之白也! 不识长马之长也，无以异于长人之长与? 且谓长者义乎? 长之者义乎?"

曰:"吾弟则爱之，秦人之弟则不爱也，是以我为悦者也，故谓之内。长楚人之长，亦长吾之长，是以长为悦者也，故谓之外也。"

曰:"耆_{shì}(同'嗜')秦人之炙_{zhì}，无以异于

耆吾炙。夫物则亦有然者也。然则耆炙亦
有外与？"

05

孟季子问公都子曰："何以谓义
内也？"

曰："行吾敬，故谓之内也。"

"乡人长于伯兄一岁，则谁敬？"

曰："敬兄。"

"酌则谁先？"

曰："先酌乡人。"

"所敬在此，所长在彼，果在外，非
由内也。"

公都子不能答，以告孟子。

孟子曰："敬叔父乎？敬弟乎？彼将
曰：'敬叔父。'曰：'弟为尸，则谁敬？'

彼将曰：'敬弟。'子曰：'恶在其敬叔父也？'彼将曰：'在位故也。'子亦曰：'在位故也。庸敬在兄，斯须之敬在乡人。'"

季子闻之曰："敬叔父则敬，敬弟则敬，果在外，非由内也。"

公都子曰："冬日则饮汤，夏日则饮水，然则饮食亦在外也？"

公都子曰："告子曰：'性无善无不善也。'或曰：'性可以为善，可以为不善，是故文武兴则民好善，幽厉兴则民好暴。'或曰：'有性善，有性不善，是故以尧为君而有象，以瞽瞍为父而有舜，以纣为兄之子且以为君，而有微子启、王子比干。'今曰'性善'，然则彼皆非与？"

孟子曰："乃若其情则可以为善矣，乃所谓善也。若夫为不善，非才之罪也。恻隐之心，人皆有之；羞恶之心，人皆有之；恭敬之心，人皆有之；是非之心，人皆有之。恻隐之心，仁也；羞恶之心，义也；恭敬之心，礼也；是非之心，智也。仁义礼智，非由外铄我也，我固有之也，弗思耳矣。故曰：求则得之，舍则失之。或相倍蓰而无算者，不能尽其才者也。《诗》曰：'天生蒸民，有物有则。民之秉彝，好是懿德。'孔子曰：'为此诗者，其知道乎！故有物必有则，民之秉彝也，故好是懿德。'"

07

孟子曰："富岁，子弟多赖；凶岁，

子弟多暴。非天之降才尔殊也，其所以陷溺其心者然也。今夫麰麦，播种而耰之，其地同，树之时又同，浡^{bó}然而生，至于日至之时，皆孰矣。虽有不同，则地有肥硗^{qiāo}、雨露之养、人事之不齐也。故凡同类者，举相似也，何独至于人而疑之？圣人与我同类者。故龙子曰：'不知足而为屦^{jù}，我知其不为蒉^{kuì}也。'屦之相似，天下之足同也。口之于味，有同耆也，易牙先得我口之所耆者也。如使口之于味也，其性与人殊，若犬马之与我不同类也，则天下何耆皆从易牙之于味也？至于味，天下期于易牙，是天下之口相似也。惟耳亦然，至于声，天下期于师旷，是天下之耳相似也。惟目亦然，至于子都，天下莫不知其姣也；不知子都之姣者，无目者也。故曰：口之于味也，有同耆^{shì}（同

'嗜'）焉；耳之于声也，有同听焉；目之于色也，有同美焉。至于心，独无所同然乎？心之所同然者，何也？谓理也，义也。圣人先得我心之所同然耳。故理义之悦我心，犹刍豢之悦我口。"

^{huàn}

08

孟子曰："牛山之木尝美矣。以其郊于大国也，斧斤伐之，可以为美乎？是其日夜之所息，雨露之所润，非无萌蘖^{niè}之生焉，牛羊又从而牧之，是以若彼濯濯也。人见其濯濯也，以为未尝有材焉，此岂山之性也哉？虽存乎人者，岂无仁义之心哉？其所以放其良心者，亦犹斧斤之于木也。旦旦而伐之，可以为美乎？其日夜之所息，平旦之气，其好恶与人相近也者几希，则其旦昼之所为，有梏^{gù}亡之矣。梏之反复，则其夜气不足以存。夜气不足以存，则其违禽兽不远矣。人见其禽兽也，而以为未尝有才焉者，是岂人之情也哉？故苟得其养，无物不长；苟失其养，无物不消。孔子曰：'操则存，舍则亡。出入无时，莫知其乡。'惟心之谓与！"

09

孟子曰："无或乎王之不智也。虽有天下易生之物也，一日暴之，十日寒之，未有能生者也。吾见亦罕矣，吾退而寒之者至矣，吾如有萌焉何哉！今夫弈之为数，小数也；不专心致志，则不得也。弈秋，通国之善弈者也。使弈秋诲二人

道承三圣

孟子因公都子问好辩，既言不得已，复以治乱迭兴，自尧至周，世道衰，孔子惧，作《春秋》。世道衰，孔子惧，作《春秋》。杨墨盛，孟子惧，正人心，圣贤救世立法，岂得已哉？

告子上

215

弈：其一人专心致志，惟弈秋之为听；一人虽听之，一心以为有鸿鹄将至，思援弓缴而射之。虽与之俱学，弗若之矣。为是其智弗若与？曰：非然也。"

10

孟子曰："鱼，我所欲也；熊掌，亦我所欲也。二者不可得兼，舍鱼而取熊掌者也。生，亦我所欲也；义，亦我所欲也。二者不可得兼，舍生而取义者也。生亦我所欲，所欲有甚于生者，故不为苟得也。死亦我所恶^{wù}，所恶有甚于死者，故患有所不辟^{bì}（同'避'）也。如使人之所欲莫甚于生，则凡可以得生者，何不用也？使人之所恶莫甚于死者，则凡可以辟患者，何不为也？由是则生而有不用也，由是则可以辟患而有不为也。是故所欲有甚于生者，所恶有甚于死者，非独贤者有是心也，人皆有之，贤者能勿丧耳。一箪食，一豆羹^{gēng}，得之则生，弗得则死。呼尔而与之，行道之人弗受；蹴^{cù}尔而与之，乞人不屑也。万钟则不辨礼义而受之。万钟于我何加焉？为宫室之美、妻妾之奉、所识穷乏者得我与？乡为身死而不受，今为宫室之美为之；乡为身死而不受，今为妻妾之奉为之；乡为身死而不受，今为所识穷乏者得我而为之，是亦不可以已乎？此之谓失其本心。"

11

孟子曰："仁，人心也。义，人路也。舍其路而弗由，放其心而不知求，哀哉！

人有鸡犬放，则知求之，有放心，而不知求。学问之道无他，求其放心而已矣。"

🦌 12 🦌

孟子曰："今有无名之指，屈而不信，非疾痛害事也。如有能信之者，则不远秦楚之路，为指之不若人也。指不若人，则知恶之；心不若人，则不知恶。此之谓不知类也。"

🦌 13 🦌

孟子曰："拱把之桐、梓，人苟欲生之，皆知所以养之者。至于身，而不知所以养之者，岂爱身不若桐、梓哉？弗思甚也！"

辞禄万钟

孟子致为臣而
归，王就见孟子
曰：「前愿见而
不可得，得侍同
朝甚喜。」留意
诚矣。又言养
弟子以万钟，为
国人矜式。以
利诱之，故拒
不受。

14

孟子曰："人之于身也，兼所爱；兼所爱，则兼所养也。无尺寸之肤不爱焉，则无尺寸之肤不养也。所以考其善不善者，岂有他哉？于己取之而已矣。体有贵贱，有小大。无以小害大，无以贱害贵。养其小者为小人，养其大者为大人。今有场(cháng)师，舍其梧槚(jiǎ)，养其樲(èr)棘，则为贱场师焉。养其一指，而失其肩背，而不知也，则为狼疾人也。饮食之人，则人贱之矣，为其养小以失大也。饮食之人，无有失也，则口腹岂适为尺寸之肤哉！"

公都子问曰："钧（同'均'）是人也，或为大人，或为小人，何也？"

孟子曰："从其大体为大人，从其小体为小人。"

曰："钧是人也，或从其大体，或从其小体，何也？"

曰："耳目之官不思，而蔽于物。物交物，则引之而已矣。心之官则思；思则得之，不思则不得也。此天之所与我者，先立乎其大者，则其小者不能夺也。此为大人而已矣。"

孟子曰："有天爵者，有人爵者。仁

义忠信，乐善不倦，此天爵也。公卿大夫，此人爵也。古之人，修其天爵而人爵从之。今之人，修其天爵以要人爵。既得人爵而弃其天爵，则惑之甚者也，终亦必亡而已矣。"

17

孟子曰："欲贵者，人之同心也。人人有贵于己者，弗思耳矣。人之所贵者，非良贵也。赵孟之所贵，赵孟能贱之。《诗》云：'既醉以酒，既饱以德。'言饱乎仁义也，所以不愿人之膏粱之味也。令闻广誉施于身，所以不愿人之文绣也。"

18

孟子曰："仁之胜不仁也，犹水之胜火。今之为仁者，犹以一杯水救一车薪之火也。不熄，则谓之水不胜火。此又与于不仁之甚者也，亦终必亡而已矣！"

19

孟子曰："五谷者，种之美者也。苟为不熟，不如荑稗^{tí bài}。夫仁亦在乎熟之而已矣。"

20

孟子曰："羿之教人射，必志于彀^{gòu}；学者亦必志于彀。大匠诲人，必以规矩；学者亦必以规矩。"

告
子
下

告子下

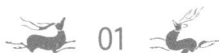

任人有问屋庐子曰："礼与食孰重？"曰："礼重。"

"色与礼孰重？"曰："礼重。"

曰："以礼食则饥而死，不以礼食则得食，必以礼乎？亲迎则不得妻，不亲迎则得妻，必亲迎乎？"

屋庐子不能对。明日之邹，以告孟子。

孟子曰："于答是也何有？不揣其本，而齐其末，方寸之木可使高于岑楼。金重于羽者，岂谓一钩金与一舆羽之谓哉？取食之重者与礼之轻者而比之，奚翅食重？取色之重者与礼之轻者而比之，奚翅色重？往应之曰，'紾兄之臂而夺之食，则得食，不紾，则不得食，则将紾之乎？

逾东家墙而搂其处子，则得妻，不搂，则不得妻，则将搂之乎？'"

02

曹交问曰："人皆可以为尧舜，有诸？"

孟子曰："然。"

"交闻文王十尺，汤九尺；今交九尺四寸以长。食粟而已，如何则可？"

曰："奚有于是？亦为之而已矣。有人于此，力不能胜一匹雏，则为无力人矣。今曰举百钧，则为有力人矣。然则举乌获之任，是亦为乌获而已矣。夫人岂以不胜为患哉？弗为耳。徐行后长^{zhǎng}者，谓之弟（同'悌'）；疾行先长者，谓之不弟。夫徐行者，岂人所不能哉？所不为也。尧舜之道，孝弟（同'悌'）而已矣。

子服尧之服、诵尧之言、行尧之行，是尧而已矣。子服桀之服、诵桀之言、行桀之行，是桀而已矣。"

曰："交得见于邹君，可以假^{jiǎ}馆，愿留而受业于门。"

曰："夫道若大路然，岂难知哉？人病不求耳。子归而求之，有余师。"

🦌 03 🦌

公孙丑问曰："高子曰：'《小弁^{pán}》，小人之诗也。'"

孟子曰："何以言之？"曰："怨。"

曰："固哉，高叟之为《诗》也！有人于此，越人关弓而射之，则己谈笑而道之；无他，疏之也。其兄关弓而射之，则己垂涕泣而道之，无他，戚之也。《小

弁》之怨，亲亲也。亲亲，仁也。固矣
夫，高叟之为《诗》也！"

曰："《凯风》何以不怨？"

曰："《凯风》，亲之过小者也；《小
弁》，亲之过大者也。亲之过大而不怨，
是愈疏也。亲之过小而怨，是不可矶也。
愈疏，不孝也；不可矶，亦不孝也。孔
子曰：'舜其至孝矣，五十而慕。'"

04

宋<ruby>牼<rt>kēng</rt></ruby>将之楚，孟子遇于石丘，曰：
"先生将何之？"

曰："吾闻秦、楚构兵，我将见楚王，
说而罢之；楚王不悦，我将见秦王，说而
罢之。二王我将有所遇焉。"

曰："轲也请无问其详，愿闻其指。

说之将何如？"

曰："我将言其不利也。"

曰："先生之志则大矣，先生之号则不可。先生以利说秦、楚之王，秦、楚之王悦于利，以罢三军之师；是三军之士乐罢而悦于利也。为人臣者，怀利以事其君，为人子者，怀利以事其父，为人弟者，怀利以事其兄，是君臣、父子、兄弟终去仁义，怀利以相接，然而不亡者，未之有也。先生以仁义说秦、楚之王，秦、楚之王悦于仁义，以罢三军之师，是三军之士乐罢而悦于仁义也。为人臣者，怀仁义以事其君，为人子者，怀仁义以事其父，为人弟者，怀仁义以事其兄，是君臣、父子、兄弟去利，怀仁义以相接也，然而不王者，未之有也。何必曰利？"

孟子居邹，季任为任处守，以币交，受之而不报。处于平陆，储子为相，以币交，受之而不报。他日由邹之任，见季子；由平陆之齐，不见储子。屋庐子喜曰："连得间矣。"问曰："夫子之任见季子，之齐不见储子，为其为相与？"

　　曰："非也。《书》曰：'享多仪，仪不及物，曰不享。惟不役志于享。'为其不成享也。"

　　屋庐子悦。或问之，屋庐子曰："季子不得之邹，储子得之平陆。"

06

　　淳于髡曰："先名实者，为人也；后

名实者，自为也。夫子在三卿之中，名
实未加于上下而去之，仁者固如此乎？"

孟子曰："居下位，不以贤事不肖者，
伯夷也。五就汤、五就桀者，伊尹也。
不恶污君，不辞小官者，柳下惠也。三
子者不同道，其趋一也。一者何也？曰
仁也。君子亦仁而已矣，何必同？"

曰："鲁缪公之时，公仪子为政，子
柳、子思为臣，鲁之削也滋甚。若是乎
贤者之无益于国也。"

曰："虞不用百里奚而亡，秦缪公用
之而霸。不用贤则亡，削何可得与？"

曰："昔者王豹处于淇，而河西善
讴；绵驹处于高唐，而齐右善歌；华周、
杞梁之妻，善哭其夫，而变国俗。有诸
内，必形诸外。为其事而无其功者，髡
未尝睹之也。是故无贤者也；有则髡必

识之。"

曰："孔子为鲁司寇，不用，从而祭，燔肉不至，不税冕而行。不知者以为为肉也；其知者以为为无礼也。乃孔子则欲以微罪行，不欲为苟去。君子之所为，众人固不识也。"

07

孟子曰："五霸者，三王之罪人也。今之诸侯，五霸之罪人也。今之大夫，今之诸侯之罪人也。天子适诸侯曰巡狩，诸侯朝于天子曰述职。春省耕而补不足，秋省敛而助不给。入其疆，土地辟，田野治，养老、尊贤、俊杰在位，则有庆，庆以地。入其疆，土地荒芜，遗老、失贤，掊克在位，则有让。一不朝，则贬其爵；再不朝，则削其地；三不朝，则六师移之。是故天子讨而不伐，诸侯伐而不讨。五霸者，搂诸侯以伐诸侯者也，故曰：五霸者，三王之罪人也。五霸，桓公为盛。葵丘之会，诸侯束牲载书而不歃(shà)血。初命曰：'诛不孝，无易树子，无以妾为妻。'再命曰：'尊贤、育才，以彰有德。'三命曰：'敬老、慈幼，无忘宾旅。'四命曰：'士无世官，官事无摄，取士必得，无专杀大夫。'五命曰：'无曲防，无遏籴(dí)，无有封而不告。'曰：'凡我同盟之人，既盟之后，言归于好。'今之诸侯，皆犯此五禁，故曰：今之诸侯，五霸之罪人也。长君之恶，其罪小；逢君之恶，其罪大。今之大夫皆逢君之恶，故曰：今之大夫，今之诸侯之罪人也。"

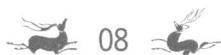

　　鲁欲使慎子为将军。孟子曰："不教民而用之，谓之殃民。殃民者，不容于尧舜之世。一战胜齐，遂有南阳，然且不可。"慎子勃然不悦，曰："此则滑厘所不识也。"

　　曰："吾明告子：天子之地方千里；不千里，不足以待诸侯。诸侯之地方百里；不百里，不足以守宗庙之典籍。周公之封于鲁，为方百里也；地非不足，而俭于百里。太公之封于齐也，亦为方百里也；地非不足也，而俭于百里。今鲁方百里者五，子以为有王者作，则鲁在所损乎？在所益乎？徒取诸彼以与此，然且仁者不为，况于杀人以求之乎？君子之事君也，务引其君以当道，志于仁而已。"

告子下

09

　　孟子曰："今之事君者，皆曰：'我能为君辟土地，充府库。'今之所谓良臣，古之所谓民贼也。君不乡道、不志于仁，而求富之，是富桀也。'我能为君约与国，战必克。'今之所谓良臣，古之所谓民贼也。君不乡（同'向'）道、不志于仁，而求为之强战，是辅桀也。由今之道，无变今之俗，虽与之天下，不能一朝居也。"

10

　　白圭曰："吾欲二十而取一，何如？"

　　孟子曰："子之道，貉道也。万室之国，一人陶，则可乎？"

　　曰："不可，器不足用也。"

曰："夫貉，五谷不生，惟黍生之，无城郭、宫室、宗庙、祭祀之礼，无诸侯币帛饔飧，无百官有司，故二十取一而足也。今居中国，去人伦，无君子，如之何其可也？陶以寡，且不可以为国，况无君子乎？欲轻之于尧舜之道者，大貉、小貉也；欲重之于尧舜之道者，大桀、小桀也。"

11

白圭曰："丹之治水也愈于禹。"

孟子曰："子过矣。禹之治水，水之道也。是故禹以四海为壑。今吾子以邻国为壑。水逆行，谓之洚水。洚水者，洪水也，仁人之所恶也。吾子过矣！"

明·谢遂《仿唐人大禹治水图》

12

孟子曰："君子不亮，恶乎执？"
^{wū}

13

鲁欲使乐正子为政。孟子曰："吾闻
之，喜而不寐。"
^{yuè}

公孙丑曰："乐正子强乎？"曰：
"否。""有知虑乎？"曰："否。""多闻识
乎？"曰："否。"

"然则奚为喜而不寐。"曰："其为人
也好善。""好善足乎？"曰："好善优于
天下，而况鲁国乎？夫苟好善，则四海之
内皆将轻千里而来告之以善。夫苟不好
善，则人将曰：'讪讪，予既已知之矣。'
讪讪之声音颜色，距人于千里之外。士
^{yí}

道喜得行

孟子闻乐正子
为政，喜而不
寐。公孙丑疑
其强，有知虑，
多闻识。孟子
曰：『其为人
也，好善言，虽
治天下，尚有余
力也。』

止于千里之外，则谗谄面谀之人至矣。
与谗谄面谀之人居，国欲治，可得乎？”

14

陈子曰：“古之君子，何如则仕？”

孟子曰：“所就三，所去三。迎之致敬以有礼，言将行其言也，则就之；礼貌未衰，言弗行也，则去之。其次，虽未行其言也，迎之致敬以有礼，则就之；礼貌衰，则去之。其下，朝^{zhāo}不食，夕不食，饥饿不能出门户；君闻之，曰：‘吾大者不能行其道，又不能从其言也，使饥饿于我土地，吾耻之。’周之，亦可受也，免死而已矣！”

傅说

殷武丁梦上帝赉以良弼乃使人以形求
于天下说为胥靡筑于傅岩求得之命以为
相进谏论列天下之事君臣道合政事修举殷
国大治故遂以傅姓之

15

孟子曰："舜发于畎亩之中，傅说举于版筑之间，胶鬲举于鱼盐之中，管夷吾举于士，孙叔敖举于海，百里奚举于市。故天将降大任于是人也，必先苦其心志，劳其筋骨，饿其体肤，空乏其身行，拂乱其所为，所以动心忍性，曾（同'增'）益其所不能。人恒过，然后能改。困于心，衡于虑，而后作。征于色，发于声，而后喻。入则无法家拂（同'弼'）士，出则无敌国外患者，国恒亡。然后知生于忧患，而死于安乐也。"

16

孟子曰："教亦多术矣！予不屑之教诲也者，是亦教诲之而已矣。"

盡
心
上

盡心上

01

孟子曰：“尽其心者，知其性也。知其性，则知天矣。存其心，养其性，所以事天也。夭寿不贰，修身以俟之，所以立命也。”

02

孟子曰：“莫非命也，顺受其正。是故知命者，不立乎岩墙之下。尽其道而死者，正命也。桎梏死者，非正命也。”

03

孟子曰：“‘求则得之，舍则失之’，是求有益于得也，求在我者也。‘求之有道，得之有命'，是求无益于得也，求在外者也。"

04

孟子曰："万物皆备于我矣，反身而诚，乐莫大焉。强恕而行，求仁莫近焉。"

05

孟子曰："行之而不著焉，习矣而不察焉，终身由之而不知其道者，众也。"

06

孟子曰："人不可以无耻。无耻之耻，无耻矣。"

尽心上

07

孟子曰："耻之于人大矣。为机变之巧者，无所用耻焉。不耻不若人，何若人有？"

08

孟子曰："古之贤王，好善而忘势。古之贤士，何独不然？乐其道而忘人之势。故王公不致敬尽礼，则不得亟见之。见且由不得亟，而况得而臣之乎？"

09

孟子谓宋句践曰：“子好游乎？吾语子游：人知之亦嚣嚣，人不知亦嚣嚣。”

曰：“何如斯可以嚣嚣矣？”

曰：“尊德乐义，则可以嚣嚣矣。故士穷不失义，达不离道。穷不失义，故士得己焉；达不离道，故民不失望焉。古之人，得志，泽加于民；不得志，修身见于世。穷则独善其身，达则兼善天下。”

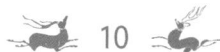

10

孟子曰：“待文王而后兴者，凡民也。若夫豪杰之士，虽无文王犹兴。”

11

孟子曰："附之以韩魏之家，如其自视欿然，则过人远矣。"

12

孟子曰："以佚道使民，虽劳不怨。以生道杀民，虽死不怨杀者。"

13

孟子曰："霸者之民，骧虞如也；王者之民，皞皞如也。杀之而不怨，利之而不庸，民日迁善而不知为之者。夫君子所过者化，所存者神，上下与天地同流，岂曰小补之哉？"

孟子曰："仁言不如仁声之入人深也，善政不如善教之得民也。善政，民畏之；善教，民爱之。善政得民财，善教得民心。"

孟子曰："人之所不学而能者，其良能也。所不虑而知者，其良知也。孩提之童，无不知爱其亲者，及其长也，无不知敬其兄也。亲亲，仁也。敬长，义也。无他，达之天下也。"

16

孟子曰："舜之居深山之中，与木石居，与鹿豕游，其所以异于深山之野人者几希。及其闻一善言，见一善行，若决江河，沛然莫之能御也。"

17

孟子曰："无为其所不为，无欲其所不欲，如此而已矣。"

18

孟子曰："人之有德慧术知者，恒存乎疢疾。独孤臣孽子，其操心也危，其虑患也深，故达。"

孟子曰："有事君人者，事是君，则为容悦者也。有安社稷臣者，以安社稷为悦者也。有天民者，达可行于天下而后行之者也。有大人者，正己而物正者也。"

孟子曰："君子有三乐，而王天下不与存焉。父母俱存，兄弟无故，一乐也。仰不愧于天，俯不怍于人，二乐也。得天下英才而教育之，三乐也。君子有三乐，而王天下不与存焉。"

21

孟子曰："广土众民，君子欲之，所乐不存焉。中天下而立，定四海之民，君子乐之，所性不存焉。君子所性，虽大行不加焉，虽穷居不损焉，分定故也。君子所性，仁义礼智根于心。其生色也，睟然见于面、盎于背，施于四体，四体不言而喻。"

22

孟子曰："伯夷辟纣，居北海之滨，闻文王作兴，曰：'盍归乎来！吾闻西伯善养老者。'太公辟纣，居东海之滨，闻文王作兴，曰：'盍归乎来！吾闻西伯善养老者。'天下有善养老，则仁人以为己归矣。

五亩之宅，树墙下以桑，匹妇蚕之，则老者足以衣帛矣。五母鸡，二母彘(zhì)，无失其时，老者足以无失肉矣。百亩之田，匹夫耕之，八口之家，足以无饥矣。所谓西伯善养老者，制其田里，教之树畜，导其妻子，使养其老。五十非帛不暖，七十非肉不饱。不暖不饱，谓之冻馁。文王之民，无冻馁之老者，此之谓也。"

23

孟子曰："易其田畴，薄其税敛，民可使富也。食之以时，用之以礼，财不可胜用也。民非水火不生活，昏暮叩人之门户，求水火，无弗与者，至足矣。圣人治天下，使有菽(shū)粟如水火。菽粟如水火，而民焉有不仁者乎！"

明·沈周《柴桑招隐图》

24

孟子曰："孔子登东山而小鲁，登泰山而小天下。故观于海者难为水，游于圣人之门者难为言。观水有术，必观其澜。日月有明，容光必照焉。流水之为物也，不盈科不行；君子之志于道也，不成章不达。"

25

孟子曰："鸡鸣而起，孳_{zī}孳为善者，舜之徒也。鸡鸣而起，孳孳为利者，跖之徒也。欲知舜与跖之分，无他，利与善之间也。"

26

孟子曰:"杨子取'为我',拔一毛而利天下,不为也。墨子'兼爱',摩顶放踵利天下,为之。子莫'执中',执中为近之。执中无权,犹执一也。所恶执一者,为其贼道也,举一而废百也。"

27

孟子曰:"饥者甘食,渴者甘饮,是未得饮食之正也,饥渴害之也。岂惟口腹有饥渴之害?人心亦皆有害。人能无以饥渴之害为心害,则不及人不为忧矣。"

28

孟子曰："柳下惠不以三公易其介。"

29

孟子曰："有为者辟若掘井，掘井九轫（同'仞'）而不及泉，犹为弃井也。"

30

孟子曰："尧舜，性之也；汤武，身之也；五霸，假之也。久假而不归，恶知其非有也？"

31

公孙丑曰："伊尹曰：'予不狎^{xiá}于不顺。'放太甲于桐，民大悦；太甲贤，又反之，民大悦。贤者之为人臣也，其君不贤，则固可放与？"

孟子曰："有伊尹之志，则可；无伊尹之志，则篡也。"

32

公孙丑曰："《诗》曰：'不素餐兮。'君子之不耕而食，何也？"

孟子曰："君子居是国也，其君用之，则安富尊荣；其子弟从之，则孝弟忠信。'不素餐兮'，孰大于是？"

33

王子垫问曰：“士何事？”

孟子曰：“尚志。”

曰：“何谓尚志？”

曰：“仁义而已矣。杀一无罪，非仁也；非其有而取之，非义也。居恶在？仁是也。路恶在？义是也。居仁由义，大人之事备矣。”

34

孟子曰：“仲子，不义与之齐国而弗受，人皆信之，是舍箪食豆羹之义也。人莫大焉亡亲戚、君臣、上下。以其小者，信其大者，奚可哉？”

桃应问曰："舜为天子，皋陶为士，瞽瞍杀人，则如之何？"

孟子曰："执之而已矣。"

"然则舜不禁与？"

曰："夫舜恶^{wū}得而禁之？夫有所受之也。"

"然则舜如之何？"

曰："舜视弃天下，犹弃敝蹝^{xǐ}也。窃负而逃，遵海滨而处，终身欣然，乐而忘天下。"

孟子自范之齐，望见齐王之子，喟然叹曰："居移气，养移体，大哉居乎！夫非尽人之子与？"

孟子曰："王子宫室、车马、衣服多与人同，而王子若彼者，其居使之然也。况居天下之广居者乎？鲁君之宋，呼于垤泽之门。守者曰：'此非吾君也，何其声之似我君也？'此无他，居相似也。"

🦌 37 🦌

孟子曰："食而弗爱，豕交之也。爱而不敬，兽畜之也。恭敬者，币之未将者也。恭敬而无实，君子不可虚拘。"

🦌 38 🦌

孟子曰："形色，天性也。惟圣人然后可以践形。"

齐宣王欲短丧。公孙丑曰："为期之丧，犹愈于已乎？"

孟子曰："是犹或紾其兄之臂，子谓之'姑徐徐'云尔。亦教之孝弟^{（同'悌'）}而已矣。"

王子有其母死者，其傅为之请数月之丧。公孙丑曰："若此者何如也？"

曰："是欲终之而不可得也，虽加一日愈于已。谓夫莫之禁而弗为者也。"

孟子曰："君子之所以教者五：有如时雨化之者，有成德者，有达财者，有答问者，有私淑艾者。此五者，君子之所以教也。"

41

公孙丑曰：“道则高矣、美矣，宜若登天然，似不可及也。何不使彼为可几及而日孳孳也？”

孟子曰：“大匠不为拙工改废绳墨；羿不为拙射变其彀率。君子引而不发，跃如也。中道而立，能者从之。”

42

孟子曰：“天下有道，以道殉身；天下无道，以身殉道。未闻以道殉乎人者也。”

43

公都子曰："滕更之在门也，若在所礼，而不答，何也？"

孟子曰："挟贵而问，挟贤而问，挟长而问，挟有勋劳而问，挟故而问，皆所不答也。滕更有二焉。"

44

孟子曰："于不可已而已者，无所不已。于所厚者薄，无所不薄也。其进锐者，其退速。"

45

孟子曰："君子之于物也，爱之而弗仁；于民也，仁之而弗亲。亲亲而仁民，仁民而爱物。"

46

孟子曰："知者无不知也，当务之为急；仁者无不爱也，急亲贤之为务。尧舜之知而不遍物，急先务也。尧舜之仁不遍爱人，急亲贤也。不能三年之丧，而缌小功之察；放饭流歠，而问无齿决：是之谓不知务。"

盡心下

盡心下

孟子曰:"不仁哉,梁惠王也!仁者,以其所爱及其所不爱;不仁者,以其所不爱及其所爱。"

公孙丑问曰:"何谓也?"

"梁惠王以土地之故,糜烂其民而战之,大败,将复之,恐不能胜,故驱其所爱子弟以殉之,是之谓以其所不爱及其所爱也。"

孟子曰:"春秋无义战,彼善于此,则有之矣。征者,上伐下也,敌国不相征也。"

03

孟子曰:"尽信《书》,则不如无《书》。吾于《武成》,取二三策而已矣。仁人无敌于天下。以至仁伐至不仁,而何其血之流杵也!"

04

孟子曰:"有人曰:'我善为陈,我善为战。'大罪也。国君好仁,天下无敌焉,南面而征北夷怨,东面而征西夷怨,曰:'奚为后我?'武王之伐殷也,革车三百两,虎贲三千人。王曰:'无畏!宁尔也,非敌百姓也。'若崩厥角稽首。征之为言正也,各欲正己也,焉用战?"

05

孟子曰："梓匠轮舆能与人规矩，不能使人巧。"

06

孟子曰："舜之饭糗茹草也，若将终身焉。及其为天子也，被袗衣，鼓琴，二女果，若固有之。"

07

孟子曰："吾今而后知杀人亲之重也：杀人之父，人亦杀其父；杀人之兄，人亦杀其兄。然则非自杀之也，一间耳！"

08

孟子曰："古之为关也，将以御暴；今之为关也，将以为暴。"

09

孟子曰："身不行道，不行于妻子；使人不以道，不能行于妻子。"

10

孟子曰："周于利者，凶年不能杀；周于德者，邪世不能乱。"

11

孟子曰："好名之人能让千乘之国。苟非其人，箪食豆羹见于色。"

12

孟子曰："不信仁贤，则国空虚。无礼义，则上下乱。无政事，则财用不足。"

13

孟子曰："不仁而得国者，有之矣。不仁而得天下者，未之有也。"

14

孟子曰："民为贵，社稷次之，君为轻。 是故得乎丘民而为天子，得乎天子为诸侯，得乎诸侯为大夫。 诸侯危社稷，则变置；牺牲既成，粢盛既洁，祭祀以时，然而旱干水溢，则变置社稷。"

15

孟子曰："圣人，百世之师也，伯夷、柳下惠是也。 故闻伯夷之风者，顽夫廉，懦夫有立志。 闻柳下惠之风者，薄夫敦，鄙夫宽。 奋乎百世之上，百世之下闻者莫不兴起也。 非圣人而能若是乎？ 而况于亲炙之者乎！"

16

孟子曰："仁也者，人也；合而言之，道也。"

17

孟子曰："孔子之去鲁，曰：'迟迟吾行也。'去父母国之道也。去齐，接淅而行，去他国之道也。"

18

孟子曰："君子之厄于陈蔡之间，无上下之交也。"

19

貉稽曰："稽大不理于口。"

孟子曰："无伤也。士憎兹多口。《诗》云：'忧心悄悄，愠于群小。'孔子也。'肆不殄厥愠，亦不陨厥问。'文王也。"

20

孟子曰："贤者以其昭昭，使人昭昭；今以其昏昏，使人昭昭。"

21

孟子谓高子曰："山径之蹊间介然，用之而成路；为间不用，则茅塞之矣。今茅塞子之心矣。"

22

高子曰:"禹之声,尚文王之声。"

孟子曰:"何以言之?"

曰:"以追_{lǐ}蠡。"

曰:"是奚足哉!城门之轨,两马之力与?"

23

齐饥。陈臻曰:"国人皆以夫子将复为发棠,殆不可复?"

孟子曰:"是为冯妇也。晋人有冯妇者,善搏虎,卒为善,士则之。野有众逐虎,虎负嵎,莫之敢撄,望见冯妇,趋而迎之。冯妇攘臂下车,众皆悦之,其为士者笑之。"

24

孟子曰："口之于味也，目之于色也，耳之于声也，鼻之于臭也，四肢之于安佚也，性也，有命焉，君子不谓性也。仁之于父子也，义之于君臣也，礼之于宾主也，知之于贤者也，圣人之于天道也，命也，有性焉，君子不谓命也。"

25

浩生不害问曰："乐正子，何人也？"

孟子曰："善人也，信人也。"

"何谓善？何谓信？"

曰："可欲之谓善。有诸己之谓信。充实之谓美。充实而有光辉之谓大。大而化之之谓圣。圣而不可知之之谓神。

乐正子，二之中，四之下也。"

26

孟子曰："逃墨必归于杨，逃杨必归
于儒。归，斯受之而已矣。今之与杨、
墨辩者，如追放豚，既入其苙，又从而
招之。"

27

孟子曰："有布缕之征，粟米之征，
力役之征。君子用其一，缓其二。用其
二而民有殍；用其三而父子离。"

28

孟子曰："诸侯之宝三：土地、人民、政事。宝珠玉者，殃必及身。"

29

盆成括仕于齐。孟子曰："死矣盆成括！"

盆成括见杀，门人问曰："夫子何以知其将见杀？"

曰："其为人也，小有才，未闻君子之大道也，则足以杀其躯而已矣。"

30

孟子之滕，馆于上宫。有业屦于牖

上，馆人求之弗得。或问之曰："若是乎从者之廋也！"

曰："子以是为窃屦来与？"

曰："殆非也。夫子之设科也，往者不追，来者不拒。苟以是心至，斯受之而已矣。"

孟子曰："人皆有所不忍，达之于其所忍，仁也；人皆有所不为，达之于其所为，义也。人能充'无欲害人'之心，而仁不可胜用也。人能充'无穿窬^{yú}'之心，而义不可胜用也。人能充无受'尔'、'汝'之实，无所往而不为义也。士未可以言而言，是以言餂^{tiǎn}之也；可以言而不言，是以不言餂之也。是皆穿窬之类也。"

孟子曰："言近而指远者，善言也；守约而施博者，善道也。君子之言也，不下带而道存焉。君子之守，修其身而天下平。人病舍其田而芸人之田，所求于人者重，而所以自任者轻。"

孟子曰："尧、舜，性者也；汤、武，反之也。动容周旋中礼者，盛德之至也。哭死而哀，非为生者也。经德不回，非以干禄也。言语必信，非以正行也。君子行法，以俟命而已矣。"

尽心下

34

孟子曰："说大人，则藐之，勿视其巍巍然。堂高数仞，榱题数尺，我得志弗为也。食前方丈，侍妾数百人，我得志弗为也。般乐饮酒，驱骋田猎，后车千乘，我得志弗为也。在彼者，皆我所不为也；在我者，皆古之制也，吾何畏彼哉！"

35

孟子曰："养心莫善于寡欲。其为人也寡欲，虽有不存焉者，寡矣。其为人也多欲，虽有存焉者，寡矣。"

36

曾皙嗜羊枣，而曾子不忍食羊枣。公孙丑问曰："脍炙与羊枣孰美？"

孟子曰："脍炙哉！"

公孙丑曰："然则曾子何为食脍炙而不食羊枣？"

曰："脍炙所同也，羊枣所独也。讳名不讳姓，姓所同也，名所独也。"

37

万章问曰："孔子在陈，曰：'盍归乎来！吾党之士狂简，进取不忘其初。'孔子在陈，何思鲁之狂士？"

孟子曰："孔子'不得中道而与之，必也狂狷乎！狂者进取；狷者有所不为也'。孔子岂不欲中道哉？不可必得，故思其次也。"

"敢问何如斯可谓狂矣？"

曰："如琴张、曾皙、牧皮者，孔子之所谓狂矣。"

"何以谓之狂也？"

曰："其志嘐嘐^{xiāo}然，曰：'古之人！古之人！'夷考其行而不掩焉者也。狂者又不可得，欲得不屑不洁之士而与之，是獧^{juàn}也。是又其次也。孔子曰：'过我门而不入我室，我不憾焉者，其惟乡原^{yuàn}（同'愿'）乎！乡原，德之贼也。'"

曰："何如斯可谓之乡原矣？"

曰："'何以是嘐嘐也？言不顾行，行不顾言，则曰："古之人！古之人！"行何为踽^{jǔ}踽凉凉？生斯世也，为斯世也，善斯可矣。'阉然媚于世也者，是乡原也。"

万子曰："一乡皆称原（同'愿'）人焉，无所往而不为原人；孔子以为德之贼，何哉？"

曰："非之无举也，刺之无刺也，同乎流俗，合乎污世，居之似忠信，行之似廉洁，众皆悦之，自以为是，而不可与入尧舜之道，故曰'德之贼也'。孔子曰：'恶似而非者：恶莠^{wù yǒu}，恐其乱苗也；恶佞^{ning}，恐其乱义也；恶利口，恐其乱信也；恶郑声，恐其乱乐也；恶紫，恐其乱朱也；恶乡原，恐其乱德也。'君子反经而已矣。经正，则庶民兴；庶民兴，斯无邪慝^{tè}矣。

38

　　孟子曰："由尧、舜至于汤，五百年有余岁，若禹、皋陶则见而知之，若汤则闻而知之。由汤至于文王，五百有余岁，若伊尹、莱朱则见而知之，若文王则闻而知之。由文王至于孔子，五百有余岁，若太公望、散^{săn}宜生则见而知之，若孔子则闻而知之。由孔子而来至于今百有余岁，去圣人之世若此其未远也，近圣人之居若此甚也，然而无有乎尔！则亦无有乎尔！"

三迁择里

孟子生三岁丧父，激公宜，母氏有贤德，始舍墓，次舍市，三迁学宫之傍，嬉戏乃设俎豆，揖让进退，母喜，遂居之。

尽心下

风齐孔阜

孟子葬邹四基山，史传不详，岁月始终。宋景祐四年，孔道辅守兖州，访得之县东北三十里，今墓是焉。